L'EMPEREUR NAPOLÉON

ET

M. LE DUC DE ROVIGO,

OU

LE REVERS DES MÉDAILLES.

PARIS. — IMPRIMERIE DE FAIN, RUE RACINE, N°. 4,
place de l'Odéon.

L'EMPEREUR NAPOLÉON

ET

M. LE DUC DE ROVIGO,

OU

LE REVERS DES MÉDAILLES;

PAR LE S.-I.-M. A****. *Annéé*

✻

Trop de sang, trop de pleurs attestent le passage
De ces astres brûlans, nés du sein de l'orage.
E. Jouy, *tragédie de Sylla.*

✻

PARIS.
LIBRAIRIE UNIVERSELLE, DE P. MONGIE,
BOULEVARD DES ITALIENS, N°. 10.

1828.

LA PRÉFACE

DE M. LE DUC DE ROVIGO.

Immoler à une seule gloire toutes les gloires contemporaines n'est pas une entreprise nouvelle ; d'autres, avant M. le duc de Rovigo, s'y sont évertués, et presque toujours avec succès, parce que personne ne s'est présenté pour les contredire. Ceux à qui des affections différentes, une connaissance plus exacte des hommes et des faits, donnaient le droit d'élever la voix, ont gardé le silence par respect pour de grandes et récentes infortunes. Maintenant même, et quoiqu'enfin venue pour

Bonaparte, la postérité ne témoigne aucune impatience de réviser ses nombreux titres de gloire; les dévouemens fastueux continuent à grand bruit le chorus de leurs regrets sans qu'elle s'en montre importunée : l'interminable deuil des veuvages de l'empire ne lui arrache pas même un sourire. N'est-ce donc point assez? Est-il bien prudent d'adresser chaque jour de nouvelles provocations à une admiration harassée qui depuis long-temps invoque le repos?

Que M. le duc de Rovigo demeure prosterné aux autels

Du maître qu'il servit, du dieu qu'il adora :

ce culte n'a rien que de glorieux pour lui, dans le cas où il se trouve. Quelle attitude meilleure pourrait prendre celui qui déclare n'avoir jamais songé à mettre des bornes à ses devoirs envers Napoléon? Mais vouloir que nos adorations s'unissent à la sienne, n'est-ce pas nous inviter à porter sur le dieu des regards scrutateurs et faire naître en nous le désir de vérifier si ses droits à nos hommages sont tous légitimes ?

Le moment est venu où la vérité doit descendre sur la tombe de Napoléon ; où le blâme et l'éloge de cet homme extraordinaire ne peuvent plus exercer sur nos destinées une influence favorable ou périlleuse. « Craignez les joies de l'émigration ! » crient des gens qui n'ont point émigré. On voit bien ce que Napoléon a fait pour les hommes de la vieille monarchie, quelles voies il a rouvertes devant eux, de quelles faveurs ils furent accablés par lui ; mais on ne conçoit pas comment l'examen de ses actes et la censure de ses erreurs peuvent servir la cause pour laquelle ils se donnèrent rendez-vous à Coblentz.

De deux soldats qui ont bien connu Bonaparte, qui l'ont servi avec un zèle égal, l'un a dit : « Il sacrifiait sans nécessité, » sans ménagement, sans regrets, ceux » qui lui étaient le plus dévoués ; son ingra- » titude éloignait de lui, même les hommes » qui l'admiraient ; il n'était environné que » de flatteurs, et n'avait pas un ami qui » osât lui dire la vérité. Son ambition de- » vait le perdre parce qu'elle était insatia- » ble. » Selon l'autre, *Napoléon, le plus grand homme des temps modernes, avait un noble et généreux caractère ; il aimait la paix et n'aspirait qu'au repos.* Lequel croire du maréchal Lannes ou du général Savary ? Est-ce dans la bouche de celui qui parle, comme parlent les mourans, devant Dieu et sa conscience, ou dans la bouche de celui qui parle devant les hommes et pour les hommes, que se trouve la vé- rité ? M. le duc de Rovigo a sans doute beaucoup de titres à la confiance de ses lec- teurs ; mais celle qu'inspire le duc de Mon- tebello est plus forte et plus générale.

Notre âge est celui des mémoires : ministres, généraux, hommes d'église, hommes de cour, gens de lettres, gens d'affaires, femmes d'intrigues, femmes de chambre ; c'est à qui se fera son propre historien ; c'est à qui mettra le public dans la confidence de ses études et de ses talens, de ses vertus et de ses faiblesses. Toutes les classes de la société ont payé tribut à ce besoin de l'époque, et M. le duc Rovigo croit devoir aujourd'hui y joindre le sien ; c'est s'y prendre un peu tard. Toutes les palmes ont été cueillies ; ce qui a été dédaigné par *la Contemporaine*, M. l'abbé *de la Roche-Arnauld* en a fait son profit. Mais ce genre épuisé, vieilli, M. de Rovigo a trouvé le secret de le rajeunir ; ce qui ne s'était jamais ouï, ce que personne n'attendait, pas même de M. le duc : les confidences d'un ministre de la police générale de l'empire, la révélation à voix haute des choses dites à voix basse au confessionnal des espions,

son excellence vient d'en régaler la malignité publique. Néanmoins, toujours circonspecte, elle menace plus qu'elle ne frappe. Des cent mille familiers de son saint-office, à peine deux ou trois sont-ils nommés dans ses Mémoires, encore est-ce d'une manière détournée et comme par inadvertance; mais le glaive fatal reste suspendu sur toutes les têtes; il n'est pas un secret qu'il ne mette en péril, pas un de ses nombreux agens qui ne soit averti que Monseigneur a conservé ses listes, et qu'au besoin il pourrait entrer dans le détail des services rendus et des récompenses accordées. « Personne mieux que moi, dit-il, ne
» pourrait faire des mémoire de scandale,
» car *je n'ai rien oublié de ce que j'ai su.*
» Si je faisais un usage plus étendu des
» *nombreux documens secrets que je pos-*
» *sède*, il n'y aurait pas de ma faute. »
Comment, à l'aide d'un levier si puissant, ne parviendrait-il pas à soulever la curiosité

engourdie ; à tourner toutes les attentions du côté de son livre ?

Si j'avais à juger une telle entreprise comme homme d'état, je la dirais indiscrète ; comme moraliste, j'y verrais un scandale nouveau ; mais comme homme du monde elle amuse mes loisirs. Je me plais aux conjectures qu'elle fait naître, aux médisances qu'elle éveille, aux controverses qu'elle nourrit. Dans ces discussions privées, auxquelles prennent part beaucoup d'hommes publics, gens de guerre et gens de gouvernement, contemporains de M. le duc de Rovigo, ma mémoire recueille des faits et des opinions qui me paraissent notables ; je les livre au public, car je n'ai aucun intérêt à me montrer plus charitable et plus réservé que M. Savary.

Auteur il avertit ses lecteurs qu'il n'a pas cherché à faire une œuvre littéraire, et que le talent d'écrire a toujours été en lui la disposition la moins développée. Comme cet aveu n'est point de sa part l'artifice d'une fausse modestie, la précaution était inutile. Peut-être eût-il été moins oiseux de dire pourquoi M. Bossange publie, sous le titre de *Mémoires du duc de Rovigo*, la relation du voyage de Bonaparte à Suez, bien que M. Savary n'ait point eu l'honneur d'être en la compagnie du général en chef; l'histoire de l'expédition de Syrie qu'il n'a vue que de la Haute-Égypte; le détail des événemens du 18 brumaire, quoique d'El-Arich, où il se trouvait, à Saint-Cloud, où il n'était pas, la distance soit grande; le récit de la fin tragique du sultan Sélim et de celle de l'empereur Paul, dont personne ne l'accuse; et cent autres choses aussi étrangères, sinon à la pensée du moins aux mérites de M. le duc de Rovigo.

Assez d'autres ont célébré les hauts faits, les rares talens et l'effrayante activité du général Bonaparte. Sa gloire, sevrée de mes éloges, ne sera ni moins resplendissante, ni moins bruyante; cependant, après avoir dit le mal qu'il fit et le bien qu'il ne fit pas, je ne refuserai point de mêler ma voix aux voix qui le proclament le plus grand homme de gouvernement et le plus grand homme de guerre des temps modernes, parce que, du moins quant à la guerre, cette louange lui est due.

Cependant nos armées, si riches en grandes notabilités militaires, avaient été plus émues qu'affaiblies par le départ des généraux de haute distinction qui suivirent Bonaparte en Égypte. Pour soutenir la gloire française au degré de splendeur où elles l'avaient élevée, pour l'accroître par d'éclatantes et immortelles victoires, elles n'avaient pas même besoin du génie de Bonaparte. Parmi ses cent dix généraux de division la France comptait avec orgueil, Kellermann, Pérignon, Moreau, Masséna, Bernadotte, Gouvion-Saint-Cyr, Brune, Kilmaine,

Souham, Macdonald, Beurnonville, Soult, Ney, Lecourbe, Carteaux, Dessolles, Oudinot, Lefebvre, Vaubois, Schauembourg, Canclaux, Hédouville, Delmas, Cervoni, Lorge, Marbot, Vandamme, Sainte-Suzanne, les uns ayant figuré avec gloire à la tête de nos armées, les autres dignes de s'y présenter à leur tour. Tout près de leurs aînés, et ardens à s'avancer sur leurs traces, on voyait les généraux de brigade Suchet, Molitor, Clausel, Decaen, Loison, Debelle, Richepanse, Nansouty, Travot, Espagne, Gardanne, Saint-Hilaire, Walther et le jeune Kellermann; parmi les adjudans-généraux, se trouvaient Lamarque, Maisons, Reille, Donzelot, Compans, Solignac, Préval, Defrance, Durutte, Fririon, Fressinet, Franceschi, Thiébault.

Si trop modeste, ou trop sévère appréciateur de son mérite, M. le duc de Rovigo se reconnaît redevable à Napoléon de toute sa renommée, est-il bien persuadé que, sans l'Empereur, des colonels tels que Foy, Gérard, Pajol, Excelmans, Bachelu, Dubreton, Brayer, Semelé, Barbanègre, d'Alton, Sébastiani, Maucune, Delort, Lallemand, Bordesoult, Merlin, Lhéritier, Castex, Digeon, Bonnemains et tant d'autres, ne seraient pas devenus d'habiles et célèbres généraux ?

Tout n'a pas commencé avec Bonaparte ; tout ne s'est pas accompli sous son règne; après lui toute gloire n'a pas pris fin.

Ses admirateurs nous ont trop habitués à le mesurer du pied de l'immense pavois que lui fit la révolution ; toute la hauteur de nos premiers triomphes, des œuvres de nos savans et de nos légistes, ils l'ont ajoutée à sa stature; ils en ont enflé ses proportions déjà gigantesques.

Cet écrit a pour but de rétablir la vérité des faits corrompue par la flatterie ; de revendiquer des gloires civiles et des gloires militaires voilées par une main jalouse ou dérobées avec effronterie; de venger la liberté des avanies de Bonaparte et de sa longue oppression sous l'empire.

EXPÉDITION D'ÉGYPTE.

Crédule et superstitieuse, l'admiration se repaît de prodiges, de mystères et de prévisions. Les motifs sensés, les déterminations fondées sur les probabilités et la raison, elle les repousse avec dédain. Les voies directes, les buts perceptibles, elle s'en détourne comme n'étant ni les voies où s'engagent, ni le but où tendent les esprits sublimes. Pour elle, la fortune n'est pas même l'auxiliaire du génie; c'est son esclave, il l'enchaîne; dans les événemens il n'y a rien de fortuit, dans les résolutions rien de spontané, dans les projets rien de progressif; l'objet de ses adorations a tout préparé, tout conduit, tout fait éclore, et ce qu'il a prononcé est inévitable comme la destinée des païens, comme la fatalité des Turcs.

Ainsi les admirateurs de Bonaparte ne voient dans ses desseins sur l'Égypte que ses desseins sur la France; à leurs yeux, le départ de Toulon est le premier pas vers le trône impérial; c'est un exil glorieux et temporaire que Bonaparte s'impose pour se soustraire aux soupçons jaloux d'un pouvoir qu'il aspire à renverser, et dont il prépare la chute en lui enlevant la moitié de ses flottes, l'élite de ses troupes et de ses généraux : les demi-brigades d'Italie, et avec elles Desaix, Kléber, Reynier, Bon, Lanusse, Caffarelli, Berthier, Daumartin, Béliard, Lannes, Friand, Andréossy, Verdier, Damas, Zayoncheck, Marmont, Murat, Leclerc, Davoust et Rampon.

La possession d'un pays qui produit en abondance toute espèce de grains, où croissent l'olivier, le citronnier, le cassier, la canne à sucre; où l'on recueille le café, le coton, l'indigo; où la cochenille peut être acclimatée; d'où il est si facile de se mettre en relation de commerce avec l'Asie orientale, de recevoir les tissus de l'Inde et les épiceries des Moluques; quatre millions d'habitans façonnés à l'obéissance par le despotisme, et qui, sous le ciel où ils ont reçu le jour, cultivent, sans efforts et sans péril, le sol le plus fécond de la terre, n'offraient ni assez de richesses, ni assez de puissance, ni assez de gloire pour rassasier les vœux de Bonaparte; le général de l'armée d'Italie était à l'étroit dans le royaume des Ptolémées !

M. le duc de Rovigo voit toujours le Bonaparte de l'empire, l'homme qui pouvait dire : *l'état, la France, l'Europe, c'est moi!* Mais le Bonaparte de la république n'avait ni une si haute fortune, ni un langage si superbe. Quand la flotte qui portait son armée mit à la voile, ses vœux n'allaient pas au-delà de la conquête et de la conservation de l'Égypte : alors, pour lui, un royaume c'était assez.

La pensée de l'expédition d'Égypte appartient toute entière à Bonaparte; seul il en ordonna les apprêts; les instructions, les ordres, les arrêtés furent rédigés par lui; il choisit ses lieutenans et ses soldats; désigna les corps d'infanterie, de cavalerie, les troupes d'artillerie et du génie dont il était connu, qui avaient servi sous ses ordres. Pour lui fournir une artillerie formidable, les places furent dégarnies et les magasins vidés; argent, munitions, provisions, outils, instrumens, tout ce qu'il demanda lui fut prodigué; tout fut remis à sa foi, hommes, trésors, gloire; seul il en était responsable envers la France. Aborder le premier la plage africaine, la quitter le dernier était pour Bonaparte un devoir sacré; il en prostitua l'honneur au moins digne, au général Menou. Les soldats qui l'ont suivi au milieu des déserts, qui pour lui, et par lui seul, ont, sur un sable brûlant et nu, sous un ciel enflammé et sans nuages, éprouvé les défaillances de la faim et les ardeurs dévorantes de la soif; qui, haletans, épuisés par les besoins et la fatigue, ne pouvaient ni s'arrêter ni se mouvoir au sein de cette vaste fournaise, sans éprouver des maux inouïs, un intolérable supplice, il les abandonnera pour venir demander à la France d'autres soldats, qu'il doit abandonner à leur tour, les uns au milieu des neiges et des glaces de la Russie, les autres sur les rives ensanglantées de l'Elster et du Rhin, et d'autres encore dans les champs de Waterloo.

COMBAT NAVAL D'ABOUKIR.

« On sait, dit M. le duc de Rovigo, que Bonaparte avait donné l'ordre à l'amiral Brueys d'entrer dans Alexandrie. » Oui, cet ordre est connu; Brueys a dit lui-même : « J'ai offert, *pour satisfaire au désir du général en chef*, dix mille francs au pilote qui entrerait l'escadre ; aucun n'a voulu se charger que d'un bâtiment qui tirerait au plus vingt pieds d'eau [1]. »

Mais lorsque, dans le dessein de rejeter sur l'amiral la faute qui causa la perte de l'escadre, M. le duc de Rovigo ajoute que « l'ordre du général en chef était d'entrer dans Alexandrie *ou*

---

[1] Lettre de l'amiral Brueys, au ministre de la marine, écrite à bord du vaisseau *l'Orient*, le 21 messidor an VI (9 juillet 1798).

d'aller à Corfou », il est permis de croire que cette alternative n'était pas dans les intentions de Bonaparte, et que Brueys ne fut pas libre de rester ou de partir.

Avant M. le duc de Rovigo, Montgaillard et plusieurs autres écrivains avaient propagé cette erreur officieuse. Ils ont dit que l'aide-de-camp Julien, qui fut tué par les Arabes, *le 15 thermidor*, portait à l'amiral Brueys l'ordre de mettre sur-le-champ à la voile. Quand il serait vrai que Julien était porteur de cet ordre, quand même il eût pu remplir la mission que lui avait confiée le général en chef, on voit bien qu'il serait arrivé trop tard pour prévenir le désastre d'Aboukir. Les dépêches de Bonaparte sont datées du Caire, le 9 thermidor, cinq jours seulement avant le combat, qui eut lieu le 14, sur un point situé cinq lieues au delà d'Alexandrie. Dans sa lettre à l'amiral Brueys, le général en chef dit : « Je suis instruit d'Alexandrie qu'enfin on a trouvé une passe telle qu'on pouvait la désirer, et je ne doute pas que vous ne soyez, à l'heure qu'il est, dans le port *avec toute l'escadre.* — Vous ne devez avoir aucune inquiétude sur les subsistances de l'armée navale; ce pays-ci est un des plus riches que l'on puisse s'imaginer en blés, légumes, riz et *bestiaux.* — Dès que j'aurai reçu de vous une lettre qui me fera connaître votre position et ce que vous avez fait, *je vous ferai passer des ordres sur ce que nous avons encore à faire.* » Dans cette lettre il n'est question ni de Corfou, ni de Malte, ni de Toulon; tout se rapporte à l'Égypte, à la coopération de l'armée navale, à ce qui lui restait encore à faire de concert avec l'armée de terre.

Dans une lettre écrite le 21 messidor an VI, par Jaubert, au général Bruix, ministre de la marine, on lit : « Nous sommes au mouillage d'Aboukir, à cinq lieues Est d'Alexandrie; assez bon pour l'été, il est intenable en hiver. Les Anglais (ils ont quatorze vaisseaux, et nous treize, dont trois faibles) sont dans nos parages; nous les attendons. L'opinion générale était (mais aussi pouvait-il y entrer quelque sentiment personnel) qu'aussitôt le débarquement opéré, nous aurions dû partir pour Corfou, où nous aurions été ralliés par nos vaisseaux de Malte, de Toulon et d'Ancône, pour être prêts à tout. *Le général en chef en a décidé autrement;* le bonheur, qui accompagne ses opérations, suivra aussi celle-ci. Au reste, nous sommes ici sous le vent du fatalisme, et son souffle ébranle un peu mes principes. » Jaubert, commissaire général de la flotte, a été tué au combat d'Aboukir.

Le 6 juillet 1798, Bonaparte songeait si peu à éloigner la flotte de Brueys, qu'il écrivait au Directoire exécutif : « J'aurais besoin que vous m'envoyassiez, le plus tôt possible, les trois vaisseaux vénitiens qui sont à Toulon ; j'enverrai chercher les trois qui sont à Ancône. »

Le 9 juillet, Brueys écrivait au ministre de la marine : « Il est fâcheux qu'il n'y ait pas un port où une escadre puisse entrer ; mais le port vieux, tant vanté, est fermé par des rescifs hors de l'eau et sous l'eau, qui forment des passages fort étroits, et entre lesquels il n'y a que vingt-trois, vingt-cinq et trente pieds. La mer y est ordinairement fort élevée, et vous voyez qu'un vaisseau de 74 serait fort exposé, d'autant qu'il serait brisé un quart d'heure après y avoir touché. J'espère cependant qu'on parviendra à trouver un passage dans lequel nos 74 pourront entrer ; mais ce ne peut être que le fruit de beaucoup de soins et de peines. J'en ai chargé deux officiers intelligens ; l'un est le capitaine de frégate Barré, commandant *l'Alceste*, et le second le citoyen Vidal, lieutenant de vaisseau. »

M. le duc de Rovigo n'avait pas sans doute lu cette lettre, ou le souvenir s'en était effacé de sa mémoire, lorsqu'il a écrit dans son livre : « Deux ans après, les Anglais trouvèrent que la
» passe du milieu avait, dans sa moindre pro-
» fondeur, cinq brasses d'eau. *Si notre escadre*
» *n'avait pas perdu un mois sans chercher à s'en*
» *assurer*, elle se serait sauvée, et aurait été d'un
» grand poids dans les destinées de l'avenir. »

L'escadre était arrivée le 13 messidor devant Alexandrie. La lettre de l'amiral est du 21, et il y parle de l'ordre de sonder les passes comme d'une chose déjà faite. Ainsi, il ne s'était pas écoulé plus de cinq à six jours, presque tous employés aux soins du débarquement. C'est ce que M. le duc de Rovigo appelle *perdre un mois*. C'est avec cette légèreté, cette ignorance, ou cet oubli des faits, que les séides de Bonaparte écrivent son histoire, et sacrifient l'honneur des généraux de mer et l'honneur des généraux de terre, au vain projet de rejeter sur autrui toutes les fautes de Napoléon.

Dans la même lettre Brueys dit : « Nous attendons, avec une grande impatience, que la conquête de l'Égypte nous procure des vivres; nous en fournissons continuellement aux troupes, et tous les jours on nous fait quelques nouvelles saignées. *Il ne nous reste que pour quinze jours de biscuit*, et nous sommes dans ce mouillage comme en pleine mer, consommant tout et ne remplaçant rien.

» Nos équipages sont très-faibles en nombre et en qualité d'hommes; nos vaisseaux sont en général mal armés, et je *trouve qu'il faut bien du courage pour se charger de conduire des flottes aussi mal outillées.* »

Le 24 juillet, le chef de division Perrée écrivit à l'amiral Brueys : « Depuis notre séparation, je n'ai cessé de rappeler au général en chef la position où je vous ai laissé, ce à quoi il a pris beaucoup de part. Il a saisi la première occasion qui s'est présentée pour vous faire passer cinquante-huit schermes chargées de différentes denrées. Je vous prie de me faire passer cinq ou six officiers intelligens et une quarantaine d'hommes. Vous m'obligerez, ainsi que le général en chef. »

Enfin, voici ce que disait Ganteaume, le 5 fructidor (le 22 août 1798), dans son rapport au ministre de la marine sur le désastre d'Aboukir : « Onze vaisseaux pris, brûlés et perdus pour la France, nos bons officiers tués ou blessés, les côtes de notre nouvelle colonie exposées à l'invasion de l'ennemi ; tels sont les affreux résultats du combat naval livré le 14 du mois dernier (thermidor). Dans une escadre *formée à la hâte*, nous ne pouvions espérer une bonne composition d'équipages, et trouver, dans des *hommes rassemblés au hasard, presqu'au moment du départ*, des matelots et canonniers habiles et expérimentés.

» Peut-être était-il convenable de quitter la côte d'Égypte aussitôt que la descente avait eu lieu; *mais attendant les ordres du général en chef*, la présence de notre escadre devant donner une force incalculable à l'armée de terre, l'amiral crut ne devoir abandonner ces lieux, et prendre au contraire une position stable au mouillage de Béquiers. »

Ainsi, Brueys, Ganteaume, Perrée, Jaubert, témoins, spectateurs ou victimes du combat, déposent que l'ordre de mettre à la voile et de se rendre à Corfou, Malte ou Toulon, n'a point été donné à l'amiral français. Après trente ans, il semble que la vérité a enfin acquis le droit de se faire entendre, et qu'il y a une espèce de sacrilége à venir répéter ces paroles de Bonaparte: « Si, dans ce malheureux événement, Brueys a mérité quelque reproche, il a expié *ses fautes* par une mort glorieuse. »

CAMPAGNE DE SYRIE.

« L'occupation de l'Égypte était assurée; *l'armée pouvait porter les coups les plus terribles aux puissances de l'Orient, s'élancer sur Constantinople ou atteindre les Indes, et frapper au cœur la prospérité de l'Angleterre.* Le moment était venu pour Bonaparte de procéder à cette seconde partie de son plan. » C'est en ces termes pompeux que M. le duc de Rovigo s'exprime sur la folle et désastreuse expédition de Syrie. Bonaparte, moins insensé que son apologiste, a dit: « Assurer la conquête de l'Égypte en construisant une place forte au-delà du désert afin d'éloigner tellement toute armée ennemie venant de ce côté, qu'elle ne pût rien combiner avec une armée européenne débarquée sur les côtes; obliger la Porte à s'expliquer et appuyer les négociations que le gouvernement français avait dû entamer avec elle; priver la croisière anglaise des subsistances qu'elle tirait de Syrie, en employant les deux mois d'hiver qui restaient pour se rendre, par la diplomatie et la guerre, toute cette côte amie, tels furent les trois buts moins éloignés et moins élevés que le général se proposait d'atteindre, et que pourtant il manqua tous les trois. Mais traverser l'isthme de Suez à la tête de 15,000 combattans seulement, et environné de toutes parts de populations ennemies, ayant en tête des armées russes, anglaises et turques, s'avancer à travers la Syrie, la Caramanie, la Natolie et la Turquie d'Asie, pour traverser le Bosphore et s'emparer de Constantinople! La fièvre des conquêtes n'a jamais produit un tel délire, même dans la tête de Bonaparte, le plus aventureux des conquérans.

Massacre des prisonniers de Jaffa.

Au temps où l'empire d'Orient était la proie

des hordes sauvages sorties des flancs du Caucase et de l'Imaüs, un roi barbare, embarrassé de ses prisonniers, leur fit crever les yeux, et les mit sous la conduite du seul qu'il ne priva que d'un œil. L'histoire a inscrit cette action cruelle au premier chef des crimes qui déshonorent les rois et dégradent l'humanité.

A l'assaut de Jaffa, tous les défenseurs de cette place ne tombèrent point sous le fer des vainqueurs, dans la chaleur de l'action, lorsque la colère étouffe la pitié ; plusieurs milliers livrèrent leurs armes et furent reçus prisonniers.

Bientôt cette masse nombreuse est soumise à un triage ; les Égyptiens et les Mamelucks sont renvoyés en Égypte, montés sur des dromadaires. Quant aux autres : considérant qu'un grand nombre de ces prisonniers avaient fait partie de la garnison d'El-Alrich, et violé la parole qu'ils avaient donnée de ne plus servir contre les Français ; que les Turcs ne faisaient jamais de prisonniers ; qu'ils avaient impitoyablement égorgé un détachement de vingt-cinq dragons du 3e. régiment, tombé entre leurs mains ; considérant *l'embarras et même l'impossibilité de les faire escorter*, Bonaparte donna l'ordre de les faire tous fusiller. Plusieurs historiens disent qu'ils étaient au nombre de quinze cents ; d'autres réduisent ce nombre à mille. Bonaparte écrit (de Jaffa même, le 8 janvier 1799) au général

Dugua : « Les quatre mille hommes qui formaient la garnison ont tous péri dans l'assaut, *ou ont été passés au fil de l'épée.* » Et, au général Marmont : « La prise de Jaffa a *été brillante;* quatre mille hommes des meilleures troupes de Djezzar, et des meilleurs canonniers de Constantinople, *ont été passés au fil de l'épée.* »
« La résignation de ces victimes fut noble et fière, dit Jacques Miot [1]. Point de larmes, point de cris; un vieillard se fit enterrer vif dans les sables de la mer ; chacun se lavait avant de mourir, et, l'œil sec, donnant et recevant le dernier adieu, semblait défier la mort, et dire : « Je » quitte ce monde, pour aller jouir auprès de » Mahomet d'un bonheur durable. » Ainsi, ce bien-être après la vie, que nous promet notre croyance, soutenait le mahométan vaincu, mais fier dans son malheur. » De tels hommes méritaient une autre destinée.

Complaisans ou timides, la plupart des historiens se sont bornés à dire, comme M. le duc de Rovigo : *La nécessité décida du sort de ces prisonniers; ce fut un sacrifice à un dieu barbare, à ce dieu inconnu que les conquérans*

---

[1] Mémoire pour servir à l'*Histoire des expéditions en Égypte et en Syrie*, par Jacques Miot, commissaire des guerres à l'armée d'Égypte, édition de l'an XII, 1804, page 138.

appellent la nécessité. Montgaillard, lui-même, après avoir dit que cette exécution était indispensable à la sûreté de l'armée, ne jette que ce cri : Quel horrible fléau que la guerre! L'armée de Syrie fut plus généreuse et plus française; elle blâma hautement l'ordre de son général; plusieurs officiers refusèrent de concourir à l'exécution de cet ordre barbare. Durant quelques jours, un murmure d'indignation et de pitié se fit entendre dans tous les corps et parmi les officiers de tous les grades.

Empoisonnement des pestiférés de Jaffa.

L'ordre d'empoisonner les pestiférés est nié par Walter Scott, Montgaillard et M. le duc de Rovigo; d'autres, moins affirmatifs, se contentent d'élever des doutes, et de recourir au raisonnement, pour établir qu'un pareil ordre était contraire aux véritables intérêts de Bonaparte; les plus instruits imitent M. de Norvins, ils se taisent sur le fait de l'empoisonnement.

L'histoire du pharmacien Royer, qui chargea ses chameaux de comestibles au lieu de médicamens, est une fable puérile. *Les quelques personnes*, qui vinrent dire à Desgenettes qu'il fallait empoisonner les pestiférés reconnus hors d'état de quitter leur lit, ne pouvaient être qu'une seule et même personne : le général Bonaparte. La réponse de Desgenettes, que l'objet de ses travaux, le but de l'art qu'il pratiquait était de conserver la vie des hommes et non de la leur ôter, a été si peu changée dans les différentes versions qui en ont été faites, et si faiblement contestées, qu'elle imprime à l'accusation un caractère effrayant comme la vérité.

Un général ennemi, sir Robert Wilson, a écrit que le pharmacien de Bonaparte avait accompli cet ordre, et que mêlant une forte dose d'opium à des alimens agréables, que les pestiférés mangèrent avec avidité, au bout de quelques heures cinq cent quatre-vingts soldats, qui avaient tant souffert pour leur pays, périrent misérablement par les ordres de celui qui était alors l'idole de leur nation.

Le nombre des malades ajoute à l'horreur du forfait; il y a dans la pensée qui compte les victimes et ne recule pas devant l'atrocité du crime, même alors qu'elle en mesure toute l'étendue, une force qui épouvante, une impassibilité qui glace d'horreur; voilà pourquoi, sans doute, l'officier anglais porte à cinq cent quatre-vingts les pestiférés de Jaffa, qui en tout ne s'élevaient pas à soixante hors d'état d'être transportés.

Un témoin oculaire, un homme inaccessible

par son caractère à toute séduction contraire à la vérité, et qui par sa position a dû bien connaître jusqu'aux moindres détails de cette affaire mystérieuse, l'a racontée en ces termes. « Les blessés et les pestiférés de *Jaffa* furent évacués sur Damiette, par mer, et sur El-Arich, par terre. Soixante pestiférés restaient encore à l'hôpital, ils étaient dans un état à ne pouvoir être transportés. *Je restai trois jours dans Jaffa pour cette évacuation.* Je proposai au général en chef, d'envoyer à sir Sidney Smith, un parlementaire pour lui demander une sauve-garde. Bonaparte me répondit qu'il ne voulait avoir aucune communication avec ce commodore anglais.

» Sur le refus de Desgenettes, *qui est vrai*, ON fit venir M. Royer, pharmacien en chef, homme faible, ON lui ordonna de donner de l'opium aux pestiférés...., il obéit. Plusieurs malades eurent une crise salutaire et se sauvèrent; la plus grande partie succomba. *Le général en chef m'avait donné l'ordre de rentrer au camp et de ne pas m'occuper de ce restant de malades. Je lui présentai quelques observations, il m'imposa silence.*

» Je fis de très-vifs reproches à M. Royer, il se mit à pleurer; je lui dis qu'il n'avait pas compris sa position et qu'il s'en repentirait. Il voulait s'excuser; je n'écoutai que l'horreur que m'inspirait son action.

» M. Royer resta en Égypte; *il y est mort de*

chagrin. Bonaparte ne voulut jamais consentir à le laisser revenir en France. »

Tallien, qui connaissait M. Royer, et auquel ce pharmacien avait écrit, en parla à Napoléon, qui déclara que si Royer mettait le pied en France, il l'enverrait devant un conseil de guerre, ce qui voulait dire à la mort. Royer le comprit et ne revit plus sa patrie.

Pour atténuer l'horreur des ordres dont M. Royer fut le coupable exécuteur, on a dit que l'intention de Bonaparte était de faire administrer aux pestiférés l'*opium* en dose suffisante pour qu'ils fussent endormis au moment du départ de l'armée, afin de lui épargner le spectacle de leur désespoir, et que Royer outre-passa ses ordres. La réponse de Desgenettes, le refus de recommander les malades à l'humanité du commandant anglais, le silence imposé à M. D...., semblent détruire cette hypothèse tardive.

Sous Bonaparte, général en chef, comme sous Bonaparte consul, et sous Bonaparte empereur, aucune mesure ne fut impunément prise sans son ordre ou sans son aveu. Si Royer, de lui-même, eût eu recours à l'opium pour priver d'un reste de vie cinquante moribonds, une éclatante satisfaction eût été donnée à l'armée; il eût payé de sa tête, non pas seulement le crime s'il avait eu l'intention d'empoisonner, mais même l'inexpérience s'il n'avait voulu qu'endormir les malades. Cependant aucune recherche ne fut faite, et aucune poursuite ne fut exercée contre lui; il continua ses fonctions et ne cessa, ni sous Bonaparte ni sous ses successeurs, d'être le pharmacien en chef de l'armée d'Égypte.

« Il ne s'agit point pour un historien, dit l'abbé de Montgaillard, de discuter tranquillement dans son cabinet la moralité d'un tel ordre. Écrire après un événement, à mille lieues de distance d'un endroit où il s'est passé, d'après des rapports infidèles, en s'abandonnant, même sans le vouloir, à l'esprit de parti, c'est s'exposer à de graves méprises, et s'écarter des devoirs d'un véritable historien; avant de prononcer un jugement, il doit s'assurer de l'état des choses, considérer les temps, peser les circonstances, examiner les nécessités qui portent à ordonner un acte que réprouvent l'humanité, la religion, la morale. »

C'est la morale de la politique dans toute sa nudité, dans toute son horreur; mais de si larges concessions ne suffiraient pas même ici pour excuser Bonaparte. Sidney-Smith n'aurait pas refusé la sauve-garde que M. D.... proposait de lui demander pour l'hôpital des pestiférés. La protection dont il couvrit, devant Djezzar pacha, l'officier du 3e. régiment de dragons, que *ce boucher de Saint-Jean-d'Acre* voulait faire mettre à mort; les bons traitemens qu'avaient reçus les prisonniers anglais en Égypte ; les offres, les lettres, de Smith et son honneur, étaient des garanties certaines de la générosité de sa conduite en une si pressante nécessité. L'orgueil de Bonaparte lui fit rejeter les moyens de salut et les secours que pouvait porter une main ennemie. Jamais le général de l'armée d'Égypte ne pardonna au commodore anglais l'échec qu'il lui avait fait éprouver en Syrie. Le ressentiment qu'il en conserve s'épanche dans toutes ses lettres. Le 9 juin 1799, il écrit au général Marmont : « L'armée qui devait se présenter devant Alexandrie a été détruite sous Acre. Si cependant *cet extravagant de commandant anglais* en faisait embarquer les restes pour se présenter à Aboukir, je ne compte pas que cela puisse faire plus de deux mille hommes. Faites en sorte de leur donner une bonne leçon. Surtout, quelque chose qui arrive, ne répondez pas par écrit. Vous aurez vu, par mon ordre du jour, que l'on ne doit à *ce capitaine de brûlots* que du mépris. » Le 26 juin, Bonaparte écrit au même général : « Smith est un jeune fou qui veut faire sa fortune et cherche à se mettre souvent en évidence ; la meilleure manière de le punir est de ne jamais lui répondre. *Il faut le traiter comme un capitaine de brûlots.* C'est, au reste, un homme capable de toutes les folies, et auquel il ne faut jamais prêter un projet profond et raisonné. Ainsi, par exemple, il serait capable de faire faire une descente à huit cents hommes. Il se vante d'être entré, déguisé, à Alexandrie. Je ne sais si ce fait est vrai ; mais il est très-possible qu'il profite d'un parlementaire pour entrer dans la ville déguisé en matelot. »

Réduit à opter entre le sacrifice de sa haine et le sacrifice de ses soldats, Bonaparte conserva sa haine.

L'expédition de Syrie coûta à l'armée sept officiers généraux, neuf colonels, quatre chefs de bataillon et d'escadron, un grand nombre de capitaines, de lieutenans, de sous-lieutenans et dix-huit cents soldats; un tiers fut enlevé par la peste, et le reste périt sous les coups de l'ennemi. L'armée perdit une partie de son matériel, et ramena dix-huit cents blessés. Sur cette côte, que la guerre et la diplomatie devaient rendre amie, Bonaparte ne rencontra guère que des adversaires redoutables; et, vengeant sa défaite, tandis que d'un côté la cavalerie, qui marche le long des dunes, ramasse tous les bestiaux qu'elle rencontre, sur sa gauche les divisions d'infanterie achèvent d'incendier les moissons et les villages : la Palestine est en flammes; *la Syrie aussi a son désert*, dit M. de Norvins.

ADMINISTRATION CIVILE ET MILITAIRE DE L'ÉGYPTE SOUS BONAPARTE.

Une police fondée sur le nombre et la fréquence des supplices ; une sécurité mal assurée par l'incendie des villages et par la captivité des enfans pris pour otages, et qui répondaient de la fidélité des pères ; les emprunts forcés et les confiscations établies en système, ou comme auxiliaires des impôts : telle fut, pendant les treize mois de la domination de Bonaparte, l'administration si vantée de l'Égypte.

La gravité des faits rendrait suspect tout autre témoignage que celui de Bonaparte lui-même [1]. Les détails que l'on va lire sont tirés de ses ordres et de sa correspondance. Bonaparte écrit au général Kléber [2] : « J'aurais assez aimé que vous fissiez couper le cou au reis de la djerme, porteur des lettres écrites par des pilotes barbaresques. » — Au général Marmont [3] : « Je désirerais que vous pussiez faire prendre l'*intrigant*

---

[1] Correspondance inédite, officielle et confidentielle de Napoléon Bonaparte ; chez C.-L.-F. Panckouke, tom. II.
[2] Lettre du 28 août 1798.
[3] — 17 octobre 1798.

Abdalon, intendant de Mourad-Bey ; je donnerais bien mille écus de sa personne : ce n'est pas qu'elle les vaille, mais ce serait pour l'exemple. Si l'on pouvait parler à des Arabes, ces gens-là feraient beaucoup de choses pour mille sequins. » — Au général Verdier [1] : « Le scheick de Mit-Massaout est extrêmement coupable ; vous le menacerez de lui faire donner des coups de bâton s'il ne vous désigne pas l'endroit où il y aurait d'autres mameloucks, et d'autres pièces de canons qu'il aurait cachées. Vous vous ferez donner tous les renseignemens que vous pourrez sur les bestiaux appartenant aux Arabes de Derne, qui pourraient être dans son village, *après quoi vous lui ferez couper la tête*. Vous ferez également couper la tête aux mameloucks. » — Au général commandant à Alexandrie [2] : « Faites connaître aux consuls que si, à l'avenir, ils ne vous remettent pas cachetées les lettres qu'ils recevront, vous les ferez fusiller. » — Au général Marmont [3] : « L'officier de ronde fera fusiller sur-le-champ, dans la cour de l'hôpital, les infirmiers ou employés qui n'auraient pas fourni aux malades *tous les secours* et vivres dont ils

---

[1] Lettre du 18 janvier 1799.
[2] — 14 janvier.
[3] — 16 janvier.

ont besoin. » — Au général Dugua[1] : « Faites fusiller tous les Maugrabins, Mecquens, etc., venus de la Haute-Égypte, et qui ont porté les armes contre nous. Faites fusiller les deux Maugrabins Abd-Allah et Achmet, qui ont invité les Turcs à l'insurrection. Faites fusiller tous les Maugrabins qui se seraient mal conduits. » — Au même[2] : « L'homme qui se vante d'avoir servi quinze pachas, et qui vient de la Haute-Égypte, restera au fort pour travailler aux galères. » — Au même[3] : « Seid-Abd-Salem et Mahmet-El-Tar, prévenus d'avoir tenu des propos contre les Français, seront fusillés. Émir-Ali et Mahammed, mamelouks rentrés au Caire sans passe-ports, et le mamelouk Hassan, seront fusillés. » — Au même[4] : « Vous ferez fusiller le nommé Joseph et le nommé Sélim, tous deux détenus à la citadelle. » — Au même[5] : « Vous ferez trancher la tête à Abdalla-Aga, ancien gouverneur de Jaffa, détenu à la citadelle. » — Au même[6] : « Vous ferez fusiller les nommés Hassan, Jousset, Ibrahim, Saleh, Mahamet, Bekir,

---

[1] Lettre du 19 janvier 1799.
[2] — 19 juin.
[3] — 21 juin.
[4] — 28 juin.
[5] — 8 juillet.
[6] — 12 juillet.

Badié-Saleh, Mustapha, Mahamet, tous mamelouks. » — Au même[1] : « Vous ferez fusiller les nommés Lachin et Émir Mahamed, mamelouks. » — Au même[2] : « Faites fusiller les prisonniers qui se permettront le moindre mouvement. »

Au général Murat[3] : « Si le bonheur eût voulu que vous fussiez resté vingt-quatre heures de plus au lac de Natron, il est très-probable que vous nous eussiez apporté la tête de Mourad-Bey. » — Au général Desaix[4] : « Mourad-Bey est devenu si petit, qu'avec quelques centaines d'hommes montés sur des chameaux, vous pouvez le pousser dans le désert et en venir à bout. » — Au même[5] : « Je vous laisse le maître d'accorder à Mourad-Bey toutes les conditions de paix que vous croirez utiles. Je lui donnerai son ancienne ferme près de Giseh. Il ne pourra jamais avoir auprès de lui plus de dix hommes armés ; *mais si vous pouviez nous en défaire, cela vaudrait beaucoup mieux que tous ces arrangemens.* »

Au général Dugua[6] : « Il faut absolument que

---

[1] Lettre du 13 juillet 1799.
[2] — 17 juillet.
[3] — 12 juillet 1798.
[4] — 13 août.
[5] — 16 août.
[6] — 31 août.

vous profitiez du moment pour soumettre tous les villages de votre province. Prenez des otages des sept ou huit qui se sont le plus mal comportés, et livrez aux flammes celui qui s'est le plus mal conduit ; il ne faut pas qu'il y reste une maison. » — Au même [1] : « Faites un exemple terrible ; brûlez le village de Soubat, et ne permettez plus aux Arabes de l'habiter qu'ils n'aient livré dix otages que vous m'enverrez, pour les tenir à la citadelle. » — Au même [2] : « J'imagine que vous avez donné une leçon sévère au gros village de Mit-El-Lhordi. Il faut faire des exemples sévères, et profiter du moment où votre division est dans les provinces de Damiette et de Mansoura pour les soumettre entièrement, et pour cela il faut le désarmement, des têtes coupées et des otages. »

Au général Fugières [3] : « Tâchez de soumettre les Arabes ; qu'ils donnent des otages. S'ils ne se soumettent pas, tâchez de leur faire le plus de mal que vous pourrez. »

Au général Reynier [4] : « La manière de punir les villages qui se révoltent, c'est de prendre le scheick El-Beled et de lui faire couper le cou. »

---

[1] — 6 septembre 1798.
[2] — 24 septembre.
[3] — 15 octobre.
[4] — 27 octobre.

— Au même[1] : « Les révoltés du Caire ont perdu une couple de milliers d'hommes. Toutes les nuits nous faisons couper une trentaine de têtes, et beaucoup des chefs ; cela, je crois, leur servira d'une bonne leçon. »

Au général Murat[2] : « Vous vous dirigerez sur le village de Gamasé, province d'Alfieli, où se trouvent les tribus des Agdé et des Masé, qui ont cent hommes montés sur des chameaux, et qui sont des tribus ennemies. Vous combinerez votre marche de manière à tomber sur leur camp, prendre tous leurs chameaux, bestiaux, femmes, enfans, vieillards, et la partie de ces Arabes qui sont à pied. Vous tuerez tous les hommes que vous ne pourrez emmener. »

Au citoyen Poussielgue[3] : « Je recommande au général Dugua de frapper ferme au premier événement, qu'il fasse couper six têtes par jour ; *mais riez toujours.* »

---

[1] 27 octobre 1798.
[2] — janvier 1799.
[3] Lettre du 18 août 1799, cinq jours avant son départ d'Égypte.

Finances. — Besoins de l'armée.

Au moment où il quittait son armée, le 23 août 1799, Bonaparte écrivait au général Kléber : « Le citoyen Poussielgue, exclusivement chargé des finances, travailleur et homme de mérite, *commence* à avoir quelques renseignemens sur le *chaos* de l'administration de l'Égypte. »

Le *miri* ne suffisait pas aux besoins de l'armée ; Bonaparte transplanta en Afrique les inventions fiscales de l'Europe. Tous les propriétaires furent tenus de soumettre leurs titres à l'enregistrement. Par un ordre, publié le 15 juin 1799, ils furent prévenus que tous les biens pour lesquels cette formalité onéreuse n'aurait pas été remplie, seraient confisqués et irrévocablement acquis à la république, et qu'après un mois, pour tout délai, aucun titre de propriété ne serait plus admis à l'enregistrement. Il est dit, dans un autre ordre du même jour, que tout propriétaire, qui, au 18 juillet, n'aura pas entièrement acquitté le *miri*, perdra ses biens, qui seront confisqués au profit de la république.

Les juifs, n'ayant pas satisfait à la contribution extraordinaire qui leur était imposée, furent soumis au paiement d'une espèce d'amende de

50,000 fr., laquelle, passé le 1er. juillet, devait être augmentée d'un cinquième des sommes non payées, pour chaque jour de retard. Il exigea deux mois d'avance de tous les adjudicataires des différentes fermes. Un conseil des finances fut formé pour s'occuper du système et du tarif des monnaies, et des changemens à y faire *le plus avantageux aux finances de l'armée*. Des négocians turcs et chrétiens furent soumis à des emprunts forcés, dont le remboursement était promis en blés pris dans la Haute-Égypte. Nonseulement les négocians du pays étaient soumis à ces emprunts, mais aussi les négocians étrangers; ceux de Damas, et d'autres villes de Syrie, établis en Égypte. Dix jours avant son départ, Bonaparte écrivit à M. Poussielgue : « Mon inten» tion n'est pas d'accepter, pour comptant de » fermages des Cophtes, les différens emprunts » que je leur ai faits : *je les solderai en temps* » *et lieu.* » Et, au général Dugua : « Vous ferez » connaître aux scheicks-el-belet, qui sont à la » citadelle du Caire, que, si d'ici au 19 août ils » n'ont pas payé leurs contributions, ils paieront » un tiers de plus; et que, si d'ici au 28 août ils » n'ont pas payé ce tiers, ils *auront le cou coupé.* » Le scheick-kémeas Achick fut retenu jusqu'à ce ce qu'il eût payé deux mille talaris, indépendamment de ce qu'il pouvait redevoir pour son village de Kobibal. Un autre scheick, Achmet-

Abouzahra, dut payer trois mille talaris, pour être rétabli dans ses fonctions. Des officiers turcs, prisonniers, furent interrogés, afin de savoir quelles sommes on en pourrait tirer pour leur rançon. Les femmes même n'étaient point exemptes de ces espèces d'avanies fiscales. Celles de Hassan-Bey furent tenues de payer dix mille talaris, à titre de rachat de leurs maisons et de leur mobilier; il ne leur fut accordé que quinze jours; ce délai passé, leurs biens et meubles devaient être confisqués et leurs personnes saisies. Quoique arrêtée, la femme de Mourad-Bey reçut l'ordre de payer, dans l'espace de deux jours, vingt mille talaris; un vingtième de cette somme, c'est-à-dire mille talaris, était ajouté pour chaque jour de retard (*le talari est la gourde ou piastre d'Égypte*).

Cependant, malgré la violence de ces moyens, la pénurie était telle que la dette s'élevait à onze millions de fr., et que *dix jours avant son départ*, le 12 août 1799, Bonaparte écrivait au général Desaix : « Vous m'avez fait connaître, à mon retour
» de Syrie, que vous alliez faire passer 150,000 fr.
» au payeur général; vous m'apprenez, par une
» de vos lettres, que l'ordre du jour qui ordonne
» le paiement de thermidor et de fructidor vous
» empêchait d'exécuter le versement. Cet ordre
» ne devait pas regarder *votre division*, puisqu'elle
» *n'est arriérée que de deux mois*, tandis que le
» *reste de l'armée, indépendamment de ces*

» *deux mois, l'est encore de sept autres mois.*
» Ce n'est avoir ni zèle pour la chose publique,
» ni considération pour moi, que de ne voir, sur-
» tout dans une opération de la nature de celle-ci,
» que le point où on se trouve. »

L'armée n'était pas mieux vêtue que payée. Le 18 août Bonaparte donnait cet ordre au général Marmont : « Vous ferez venir chez vous les négocians toscans et impériaux qui ont plus de vingt mille aunes de draps de toutes les couleurs à Alexandrie ou à Rosette. Vous leur ferez connaître que la guerre a été déclarée par la république française à l'empereur et au grand-duc de Toscane ; que les lois constantes de tous les pays vous autorisent à confisquer leurs bâtimens marchands et *à mettre le scellé sur leurs magasins* ; que cependant je veux bien leur accorder une *faveur particulière* et ne point les comprendre dans cette mesure générale ; mais que j'ai besoin de vingt-quatre mille aunes de drap pour habiller l'armée ; qu'il est nécessaire qu'ils fassent de suite la déclaration du drap qu'ils ont, et qu'ils en consignent vingt-quatre mille aunes, soit à Alexandrie, soit à Rosette. Si, au lieu de se prêter de bonne grâce à cette mesure, ces messieurs faisaient les récalcitrans, vous ferez mettre le scellé sur leurs effets, papiers et maisons ; vous les ferez mettre dans une maison de sûreté, et vous en donnerez avis à l'ordonnateur de la marine, pour qu'il confisque tous les bâtimens appartenans aux impériaux toscans et napolitains [1]. »

Le besoin d'hommes et d'armes ne se faisait pas moins vivement sentir que celui d'habits et d'argent. Il résulte d'un état envoyé par Bonaparte au Directoire exécutif, le 28 juin 1799, que depuis son arrivée en Égypte, l'armée avait perdu cinq mille trois cent quarante-quatre hommes. « Vous voyez, disait le général aux directeurs, qu'il nous faudrait cinq cents hommes pour la cavalerie, cinq mille pour l'infanterie, et cinq cents pour l'artillerie, pour mettre l'armée dans l'état où elle était lors du débarquement.— Il nous faudrait dix-huit à vingt médecins, et soixante ou quatre-vingts chirurgiens ; il en est mort beaucoup. — S'il vous était impossible de nous faire passer tous ces secours,

---

[1] Kléber ne permit pas l'exécution de cette mesure spoliatrice. La fourniture d'habillemens se fit par une maison de commerce et en vertu d'un marché dont les conditions furent discutées librement et fidèlement exécutées. Comme l'on ne put se procurer en quantité suffisante des draps aux couleurs de l'armée, les dragons seuls conservèrent leur uniforme vert ; les hussards et les troupes du génie furent vêtus en drap bleu de ciel ; diverses couleurs furent affectées à l'infanterie ; plusieurs régimens furent habillés en rouge foncé et d'autres en rouge vif. Les troupes de l'armée d'Égypte portaient encore cet habillement lorsqu'elles revinrent en France.

il faudrait faire la paix; car il faut calculer que d'ici au mois de messidor (juin et juillet 1799) nous perdrons encore six mille hommes. Nous serons, à la saison prochaine, réduits à quinze mille hommes effectifs, desquels ôtant deux mille hommes aux hôpitaux, cinq cents vétérans et cinq cents ouvriers qui ne se battent pas, il nous restera douze mille hommes, compris cavalerie, artillerie, sapeurs, officiers d'état-major, et nous ne pourrons pas résister à un débarquement combiné avec une attaque par le désert. » Deux jours après, Bonaparte écrivit au commandant des îles de France et de la Réunion, pour le prier de lui faire passer le plus tôt possible trois mille fusils de calibre, quinze cents paires de pistolets et mille sabres, dont l'armée d'Égypte avait besoin.

Départ d'Égypte ; motifs.

Après cet exposé, dont la scrupuleuse exactitude est attestée par les lettres et les ordres de Bonaparte, avec quel étonnement ne lit-on pas, dans les *Mémoires* de M. le duc de Rovigo:
« Le système de l'administration et des finan-
» ces était organisé de manière à assurer les be-
» soins de l'armée. Tout marchait ; un homme
» qui n'eût même été doué que *du sens commun*

» *ordinaire,* suffisait pour donner le mouvement
» à cette machine, qui n'avait besoin que de ne
» pas être entravée! L'Égypte était sur un pied
» de défense redoutable, et sa situation permet-
» tait au général Bonaparte de s'en absenter. »
— C'est pour arriver à cette conclusion que sont entassées tant d'assertions démenties par tous les témoignages contemporains et tous les monu‑mens historiques.

Bonaparte quitta l'Égypte parce qu'après la bataille d'Aboukir, il se dit, comme Pyrrhus après avoir battu le consul Lævinus : *Encore une vic‑toire pareille, et tout sera perdu.* « Il ne lui
» restait plus, dit M. de Norvins, qu'une ad-
» ministration de détail, soit comme général
» d'une *armée sans recrutement,* soit comme
» possesseur inquiet d'une *contrée toujours*
» *étrangère.* Il comprit que la continuation d'une
» position aussi précaire le livrait à toute la ri-
» gueur d'un exil obscur et sans repos, et ne
» présentait que la *perspective d'une capitulation*
» *inévitable, qui anéantirait en un jour ses triom‑*
» *phes d'Europe et d'Orient.*

» On a parlé dans plusieurs ouvrages d'une
» lettre officielle du Directoire, et de plusieurs
» lettres confidentielles de Siéyès et de Fouché,
» qui rappelaient Bonaparte ; aucune de ces
» lettres ne lui parvint. »

Il ne courait pas au-devant de la puissance

que lui réservait le sort, il déposait celle que la fortune allait lui ravir. Par un mouvement habile, mais peu généreux, il rejeta sur un autre le fardeau qui allait l'accabler : et poussant à l'extrême les conséquences de cet abandon, il priva l'armée des deux seuls bâtimens de guerre qui lui restaient pour les communications par mer et la protection des côtes. Lui qui disait, un mois avant son départ et au moment de livrer la bataille d'Aboukir : « Dans le petit nom-
» bre de troupes que j'ai, trois cents hommes ne
» sont pas une faible chance », il en emmène mille ; il laisse Menou, Dugua, Destaing, et part avec Lannes, Berthier, Andréossy, Murat, Marmont, et donne à Desaix l'ordre de venir le rejoindre en Europe : *C'était*, disait-il, *l'intention du Gouvernement*; c'était aussi, lui-même, *par obéissance* qu'il partait!

« La bataille d'Aboukir venait d'assurer le re-
» pos de l'Égypte, au moins jusqu'à la saison
» suivante », dit M. le duc de Rovigo. Comme si l'Égypte ne pouvait être attaquée que du côté de la mer ; comme s'il ne se souvenait plus que les Turcs rassemblaient une armée en Syrie, et qu'au moment où Bonaparte s'éloignait d'Alexandrie, le visir, qui prit El-Arich et livra la bataille d'Héliopolis, était à Damas ! Cependant, par une inadvertance assez remarquable, M. le duc de Rovigo avoue que l'approche de cette armée,

par la Caramanie, n'avait pas peu contribué à faire renoncer le général Bonaparte à poursuivre le siége de Saint-Jean-d'Acre.

Disposition des troupes. Esprit de l'armée.

La nudité de l'Égypte produisit sur l'armée un effet qui ne s'est jamais amorti pendant les trois années qu'elle a passées sur cette terre d'exil. « Quelques hommes se portaient au dernier désespoir ; d'autres se livraient à des accès de fureur, et se trouvaient subitement saisis d'un affaissement qui les arrêtait dans leur marche », dit le docteur Desgenettes [1]. — « A l'aspect d'Alexandrie, dit Jacques Miot [2], la tristesse *commença* à s'emparer de quelques-uns de nous, et déjà, en pensant à la France, ils laissaient échapper un soupir et l'expression de vifs regrets. A Demenhour, nous perdimes le général Muireur ; il commençait à éprouver ce dégoût que l'on appelait la maladie du pays, et dont quelques-uns ont été les victimes. — Un soleil

---

[1] Histoire médicale de l'expédition d'Égypte, 1802, pag. 12.

[2] Mémoires pour servir à l'Histoire des expéditions en Égypte et en Syrie, 1804, page 33.

brûlant, une soif dévorante, un sable mouvant qui fuit sous les pieds, la blancheur des déserts qui éblouit les yeux : il faut avoir éprouvé tout ce que cela fait souffrir pour s'en faire une idée. »

M. le général Rovigo doit connaître l'officier qui dans son journal de la campagne d'Égypte a écrit : « L'on arrive dans des déserts affreux ; des » habitans avec des figures infâmes, de longues » robes toutes trouées, un teint olivâtre, une » longue barbe, des yeux fort laids, la *plupart* » borgnes, des yeux chassieux, la tête couverte » d'un turban ; les femmes ressemblant à la » mort, telle qu'on la peint dans les tableaux, » un voile les couvre de la tête aux pieds : *combien cela faisait penser à la distance qui nous séparait de la France !* — A la vue de citernes » comblées le courage s'abat ; plaintes et juremens des soldats. »

M. le duc de Rovigo dit aujourd'hui : « Kléber était d'une bonté et d'*une faiblesse* qui contrastait singulièrement avec sa haute stature, qui avait quelque chose d'imposant. Son esprit, quoique très-agréable, n'était pas d'une portée très-étendue ; à tous ces inconvéniens se joignait celui d'une ignorance totale dans la conduite des affaires de cabinet, en sorte qu'il ne pouvait manquer d'être à la merci de tout le monde et particulièrement de tous ceux qui voulaient faire de lui un moyen de retourner en France. On n'eut

donc pas de peine à lui faire donner suite aux négociations *déjà ouvertes* avec le visir. — Je ne pouvais pas comprendre que nous nous prêtassions à tout ce qui ne pouvait que nous nuire. Au lieu d'élever des difficultés nous les aplanissions. Le général Davoust, qui avait été un des opposans dans le conseil de guerre réuni par le général en chef[1], me dit qu'on n'avait signé que par condescendance pour le général Kléber; mais que si le général Desaix voulait ne point signer le traité d'évacuation tous les généraux de l'armée seraient pour lui. » Cependant à cette époque l'officier dont il est parlé plus haut, disait dans son journal : « Le 8 ventôse (an VIII), au soir,
» le général Dugua arrive d'Aboukir avec un air
» affairé. Un petit aviso parti de Toulon portant,
» le citoyen Latour-Maubourg, frère d'un aide-
» de-camp de M. de La Fayette, était arrivé à
» Aboukir, en vingt-deux jours, apportant des
» dépêches au général Kléber.

---

[1] Il n'y eut pas un seul opposant à la résolution prise par le conseil de guerre de Salehieh. Tout le monde signa, parce que tout le monde fut du même avis sur l'urgence et la nécessité de traiter. M. le duc de Rovigo cite deux généraux morts, et qui certes ne le démentiront pas : l'un est le maréchal Davoust, l'autre le général Desaix. Nous en citerons, nous, quatre, tous vivans : MM. les généraux Damas, Lagrange, Friand, et M. l'ordonnateur en chef D'Aure.

» Conjectures sur ces nouvelles; est-ce l'ordre
» d'évacuer l'Égypte ou d'y rester? (*crainte pour
» ce dernier*); contentement de ceux qui restaient
» à Alexandrie après nous, de voir que nous ne
» partirions peut-être qu'avec l'armée.

» *Guignon* qui semble attaché à notre départ.

» Notre embarras pour savoir du général
» Desaix si, malgré ce courrier, il partira; nous
» employons une manière détournée : aussitôt
» qu'il a dit oui, nous n'osons en paraître con-
» tens de peur qu'il ne se rétracte, mais nous
» mettons une activité singulière à tout préparer
» pour le départ; quatre fois par jour nous allons
» et venons au bâtiment.

» La nuit nous montons sur la terrasse pour
» voir si le vent change et permet à nos djermes
» de venir.

» Enfin elles arrivent le 10 à minuit.

» Le 11, empressement, à la pointe du
» jour, à les faire aller au vieux prot; elles
» viennent droit au bâtiment, l'on y embarque
» de suite tous les effets.

» Nous serions sortis sur-le-champ pour
» mettre en mer; le vent devient tout à coup con-
» traire. *Mauvaise humeur de tout le monde.*

» Le 13, à la pointe du jour, nous levons l'ancre.
» L'aviso l'*Étoile* sort le premier.

» Notre joie de quitter la côte d'Égypte, nos
» regards fixés sur le port, sur les vieilles tours

» de la ville, sur la colonne de Pompée! Le
» *souvenir des peines que nous avions éprouvées*
» *en Égypte, rendait notre satisfaction de la*
» *quitter bien vive et bien sincère.*

» Nous conservons cependant de l'inquiétude
» sur le sort des camarades que nous laissons
» en Égypte; mais le plaisir de revoir bientôt la
» France l'emporte. »

L'armée entière éprouvait le même désir : généraux et soldats. Un homme d'un esprit sage, d'une raison froide, le général Damas, écrivait le 9 thermidor an VI (27 juillet 1798) au général Kléber : « Nous sommes enfin arrivés, mon ami, au pays tant désiré. Qu'il est loin de ce que l'imagination même la plus raisonnable se l'était imaginé! L'horrible villasse du Caire est peuplée d'une canaille paresseuse, accroupie tout le jour devant leurs huttes infâmes, fumant, prenant du café ou mangeant des pastèques et buvant de l'eau; on peut se perdre tout un jour dans les rues puantes et étroites de cette fameuse capitale. Les troupes ne sont ni payées ni nourries, et tu devines aisément combien cela attire de murmures; ils sont encore plus forts de la part des officiers. » — Le même jour le général Rampon écrivait à son frère : « Il nous faut de la patience et du courage, avec cela *nous parviendrons à revoir notre chère patrie.* » — Un autre officier écrivait à sa femme : « Je crois que nous

nous sommes trompés sur cette entreprise si belle et si vantée. Je crois même qu'en réussissant à soumettre l'Égypte, nous aurons bien de la peine à retirer de cette opération tout le fruit que l'on en attendait. Nous trouvons partout beaucoup de résistance, et plus encore de trahisons. Il est impossible à un Français de s'écarter seul de quelques portées de fusil de l'endroit habité sans courir le risque d'être assassiné, ou victime d'une passion affreuse. Ce pays si vanté ne vaut pas sa réputation. L'endroit le pus sauvage et le plus agreste de la France est mille fois plus beau. Rien au monde de si triste, de si misérable, de si malsain qu'Alexandrie; des maisons de boue, sans autres fenêtres que quelques trous, couvertes d'un treillage de bois très-grossier; point de toits aux maisons, des portes si petites qu'il faut se baisser pour entrer; enfin figure-toi une réunion de colombiers vilains et mal bâtis. Les rues sont toutes étroites, de travers et point pavées; de sorte que l'on est continuellement incommodé d'une poussière et d'une chaleur excessives; ou bien, s'il prend fantaisie aux habitans d'arroser devant leurs cabanes, on passe d'un mal dans un pire, la poussière se change en boue, il n'est plus possible de marcher. Joins à cela la difficulté de se faire entendre et mille autres désagrémens que je ne puis te décrire, et tu jugeras de notre position. Rien n'est fait pour distraire l'imagination, et tu dois bien présumer que dans un pays tel que celui-ci, avec la peine, les inquiétudes qu'on y trouve, elle doit être dans une grande activité, et, comme les objets sont tristes, les pensées y correspondent : *nous vivons dans un chagrin perpétuel.*»—Le 10 thermidor, le contre-amiral Perrée écrivit à son ami Lejoille, chef de division : « Quant à la fertilité du pays, je crois que l'on a beaucoup à décompter. La férocité des habitans est pire que les sauvages, majeure partie est habillée en paille ; enfin le pays n'est pas de mon goût.» » — « Je ne vous peindrai pas, disait à son père l'aide-de-camp Leturcq, la position dans laquelle nous nous trouvons tous dans ce pays ; je me bornerai à vous dire que nous avons tous été trompés dans notre attente sur l'Égypte. Je désire bien ardemment être de retour auprès de vous pour vous faire un tableau fidèle du pays, d'après lequel vous jugerez aisément que nous devons beaucoup nous y ennuyer sous bien des rapports. » —» Au bord du Nil, les villages sont les uns sur les autres ; leur construction est exécrable, ce n'est autre chose que de la boue travaillée avec les pieds et les mains et entassés dans des trous pratiqués dessus. Les cultivateurs, appelés fellas, vivent de très-peu de chose et dans une malpropreté qui fait horreur : j'en ai vu boire l'eau que nos chameaux et nos chevaux laissaient dans

l'abreuvoir. Voilà cette Egypte, si renommée par les historiens et les voyageurs ! » s'écriait l'adjudant général P. Boyer, auteur de cette lettre. — Le général Dupuy, commandant au Caire, écrivait : « Cette ville est abominable, ses rues respirent la peste par leurs immodices ; le peuple est affreux et abruti. » — Tallien à sa femme : « Rien de plus triste que la vie que nous menons ici ! nous manquons de tout. Depuis cinq jours je n'ai pas fermé l'œil ; je suis couché sur le carreau ; les mouches, les punaises, les fourmis, les cousins, tous les insectes nous dévorent. Si j'ai le bonheur de retoucher le sol de mon pays, ce sera pour ne le quitter jamais. *Parmi les quarante mille Français qui sont ici, il n'y en a pas quatre qui pensent autrement.* » — Bonaparte était sans doute de ce petit nombre ; mais il paraît que lui-même ne tarda pas à partager les regrets des quarante mille. Il écrivait au Directoire Exécutif, le 17 décembre 1798 : « Nous atten-
» dons des nouvelles de France et d'Europe ; c'est
» un besoin vif pour nos âmes ; car si la gloire
» nationale avait besoin de nous, nous serions
» inconsolables de n'y pas être. » Et, le 10 février 1799 : « Nous avons eu bien des ennemis à combattre dans l'expédition de Syrie : déserts, habitans du pays, Arabes, Mameloucks, Russes, Anglais. Si dans le courant de mars le rapport du citoyen Hamelin m'était confirmé, et

que la République fût en guerre contre les rois, *je repasserais en France.* » — Et le 28 juin suivant : « Nos sollicitudes sont toutes en France. »

— « C'est dans notre route de Salehieh au Caire, dit Miot, que nous rencontrâmes l'aide-de-camp qui apportait la triste nouvelle de la destruction de notre flotte à Aboukir. Les détails de cette malheureuse journée nous glacèrent le cœur. L'avenir s'obscurcit alors. Comment finirait cette expédition, et quels secours pouvions-nous attendre désormais de notre marine? Vivre en Égypte, sans nouvelles de France! séparés de tout ce qui nous intéressait dans la vie! Parens, amis, maîtresses, tout était perdu pour nous; exilés à cinq cents lieues de notre patrie, nous allions traîner notre existence au milieu d'un peuple dont les mœurs différaient tant des nôtres, toujours en état de guerre, et ne voyant plus d'événemens heureux qui pussent nous réunir jamais sur les bords chéris de la France. Tant que la flotte assurait la communication, l'espoir soutenait les courages; mais, au combat d'Aboukir, les Anglais semblaient avoir posé une barrière insurmontable entre la patrie et nous. Les esprits faibles ne virent plus dans l'Égypte qu'un vaste tombeau [1]. »

[1] Mémoires déjà cités.

Des terreurs plus grandes assaillirent l'armée au bruit de la désertion de son général en chef. M. le duc de Rovigo avoue lui-même qu'il serait difficile de peindre la stupeur où cette nouvelle jeta tous les courages. Mais ce qu'il ne dit pas, c'est qu'elle porta le coup le plus funeste à la discipline, en détruisant la confiance des soldats en leurs chefs. Des mouvemens insurrectionnels se manifestèrent dans les garnisons de Damiette et d'Alexandrie. Dans cette dernière place, les troupes tirèrent le canon d'alarme pour s'emparer des forts, se rendirent à bord d'un bâtiment expédié en courrier pour le gouvernement, par le général en chef, pillèrent le chargement, et demandèrent à se rendre aux Anglais pour repasser en France. Si ce projet n'eut point d'exécution, c'est parce qu'alors il n'y avait pas de vaisseau ennemi en vue des côtes. L'armée supposait que tous les généraux voulaient suivre l'exemple de Bonaparte et l'abandonner [1]. Cette fureur du soldat alla si loin, que le commandant d'El-Arich, qui ne voulait point rendre ce fort aux Turcs, fut tué d'un coup de fusil par un des militaires de la garnison [2]. Les cinq cents hommes

[1] Tous ces faits se trouvent rapportés et constatés dans le procès verbal du conseil de guerre, convoqué au camp de Salehieh le 1er. pluviôse an VIII (21 janvier 1800).

[2] L'émigré dont M. le duc de Rovigo parle avec tant de légèreté et d'inconvenance, étant alors au service d'An-

qui composaient cette garnison, après avoir vainement demandé à leur chef d'ouvrir les portes à l'ennemi, abattirent le drapeau tricolore, élevèrent le drapeau blanc, tendirent des cordes aux Turcs, et les hissèrent sur les remparts. Tous furent victimes de cet appel insensé, et périrent sous les coups de ceux dont ils avaient invoqué la fatale assistance.

Quant au général Kléber, que le séide de Bonaparte représente comme un homme de caractère faible, et d'un esprit de petite portée, voici en quels termes en parle un général trop loin alors de Napoléon, et trop près de la vérité, pour oser la trahir en face de l'armée.

« Soldats ! un horrible attentat vient de vous enlever un général que vous chérissiez et respectiez.

» Soldats, Kléber avait dissipé, en marchant à votre tête, cette nuée de barbares qui, de l'Europe et de l'Asie, étaient venus fondre sur l'Égypte.

» Kléber, en dirigeant vos invincibles cohortes, avait reconquis l'Égypte entière en dix jours de temps.

---

gleterre, avait été envoyé au commandant d'El-Arich pour traiter de la reddition de ce fort. Il chercha à sauver ce commandant ; il lui donnait le bras au moment où il fut tué.

» Kléber avait tellement restauré les finances de l'armée, que *tout l'arriéré était payé* et la solde mise au courant.

» Kléber, *par les règlemens les plus sages*, avait réformé un grande partie des abus presque inévitables dans les grandes administrations[1]. »

Toutes ces choses s'étaient opérées dans le cours d'un commandement qui ne dura que six mois, et à la tête d'une armée qui alors n'avait pas dix mille combattans à mettre en ligne. Il ne s'en trouvait que huit mille cinq cents à Héliopolis ; c'est avec cette poignée d'hommes que Kléber battit à plate-couture les soixante mille Turcs commandés par le grand-visir, et qu'il reprit en dix jours le Caire et toute l'Égypte [2].

[1] Proclamation de Menou, général en chef, par *intérim*, à l'armée d'Égypte.
[2] On ne poussera pas plus loin la défense de Kléber, si injurieusement traité par le duc de Rovigo. Un des plus nobles compagnons d'armes de Kléber se charge de rendre une éclatante justice à sa glorieuse mémoire.

JOURNÉES DES 18 ET 19 BRUMAIRE AN VIII.

(9 et 10 novembre 1799.)

Le 5 novembre 1795, la force armée intervint dans les débats politiques : Bonaparte commandait les troupes.

Au mois de juillet 1797, les corps de l'armée d'Italie se forment en clubs ; poussés à la licence par leurs chefs, les soldats délibèrent et rédigent des adresses sur la conduite des affaires publiques et le gouvernement de leur pays : Bonaparte était le général en chef de cette armée.

Le 9 et le 10 novembre 1799, les soldats saisissent leurs armes et marchent pour remplacer le gouvernement civil par le gouvernement militaire : un homme leur a donné le mot d'ordre ; *délivrer la France des avocats* : Bonaparte est cet homme.

« Je passerai rapidement sur les journées du
» 18 et 19 brumaire, dit M. le duc de Rovigo ;
» les événemens dont je puis parler avec certi-

» tude sont les seuls sur lesque's je crois devoir
» m'appesantir. *Je ne touche aux autres qu'au-*
» *tant que je puis donner des détails ignorés,*
» *que mes relations m'ont mis plus tard à même*
» *de recueillir.* » Peut-être eût-il été plus prudent encore de se taire sur ces journées trop fameuses; les historiens ont peu de foi aux annales de la police; il n'est pas d'ambitions assez modeste pour se contenter des éloges qu'elle dispense.

M. le duc de Rovigo, qui se complaît à nous représenter Bonaparte allant au Directoire *vêtu d'une redingote grise sur laquelle il portait, à la manière orientale, un sabre de mamelouck suspendu à un cordon de soie,* nous dit qu'alors les affaires étaient dans l'état le plus fâcheux. « Les agens de l'étranger exploi-
» taient la France en tout sens, et l'agitaient im-
» punément du centre de la capitale, où ils ne
» craignaient pas de résider. Il n'y avait plus
» de secrets; les dispositions d'état étaient con-
» nues aussitôt qu'elles étaient prises; tout
» était corruption, pillage. Il était impossible
» de commander et presque inutile d'obéir. Les
» fonds publics étaient tombés à 17 francs [1], et
» cependant le gouvernement n'avait que des

---

[1] C'est le taux où ils étaient à l'époque de l'embarquement de Bonaparte pour l'Égypte.

» bons et des mandats pour faire face aux besoins
» qui l'assiégeaient ; les lois étaient sans vigueur,
» l'administration sans énergie ; la guerre civile,
» plus active qu'à aucune autre époque anté-
» rieure [1], embrasait les départemens de l'Ouest
» et du Midi ; et l'armée d'Italie, qui, de revers
» en revers, avait été ramenée jusque dans le
» pays de Gênes, ne suffisait plus pour couvrir
» la Provence menacée par les Autrichiens. De
» quelque côté qu'on jetât les yeux, on n'aper-
» cevait que des abîmes, et personne n'osait en
» sonder la profondeur. » Tout en accumulant
les couleurs sombres dans ce tableau, tracé
par une main ennemie, M. le duc de Rovigo
est cependant forcé d'avouer que si le Directoire
et les conseils étaient divisés sur les moyens de
conjurer l'orage, la nation n'avait rien perdu de
son énergie ; Masséna avait arrêté les Russes à
Zurich ; Brune les Anglais à Bergen, à Castricum,
et les avait forcés d'évacuer le continent quelques jours après l'arrivée de Bonaparte ; son retour
n'eut aucune influence sur leur résolution, puisqu'alors ils ignoraient que le général en chef de
l'armée d'Égypte fût à Paris.

Tout gouvernement qui tombe a mérité sa

---

[1] Le général Hedouville, envoyé dans la Vendée, avait commencé l'œuvre de la pacification qu'il accomplit sous le consulat. Les bandes du Midi s'étaient évanouies aussitôt que formées.

chute, et certes il y aurait une bien fausse générosité à prendre aujourd'hui la défense du Directoire. Mais, pour être juste à son égard, il faut se rappeler qu'à l'époque où il fut renversé, la France sortait à peine de la grande tourmente révolutionnaire ; les directeurs, les membres des conseils en étaient aux premiers essais de la puissance. Avant de songer à maintenir l'ordre, il fallait commencer par l'établir ; les succès obtenus en Suisse contre les Russes et les Autrichiens, en Hollande contre les Anglais et les Russes, pouvaient, sans Bonaparte, être suivis de succès contre les insurgés de l'Ouest. Et quand la pensée se reporte sur la fatale expédition de Russie, sur les désastres de Leipsick et de Waterloo, sur les deux invasions de la France, et la longue occupation de ses provinces par les armées étrangères, on se demande si la constitution de l'an III, le Directoire et l'anarchie elle-même pouvaient jamais rien produire de plus honteux et de plus funeste ?

Si les affaires de la France eussent été dans un aussi fâcheux état que M. Savary s'efforce de les représenter, n'est-ce pas Bonaparte qu'il eût fallu en accuser le premier ? Dans les vues d'une ambition toute personnelle, il avait enlevé à la République d'excellentes troupes, d'habiles généraux, et causé l'irréparable désastre d'Aboukir.

Selon M. le duc de Rovigo, l'on était d'accord

sur le besoin d'un changement dans la forme du gouvernement et sur la nécessité de ne pas perdre de temps pour l'opérer. Mais personne, excepté Bonaparte, n'aspirait à un renversement, à une subversion totale de l'ordre établi ; la violation de tous les droits politiques, l'anéantissement de toutes les libertés publiques n'entrèrent jamais dans la pensée des fauteurs de ce grand attentat. Ces mots de Sieyès : *Messieurs, maintenant nous avons un maître*; et ceux de M. le comte Cornet : *Le 18 brumaire a été la journée des dupes*, le disent assez.

Bonaparte s'empara du pouvoir parce qu'il en avait soif, parce qu'après avoir commandé à l'armée il voulait commander à la cité.

Les premiers actes de l'échappé d'Égypte décelaient son mépris de toute règle et de toute loi. Il venait du pays de la peste ; deux mois avant sa fuite, elle éclaircissait les rangs de ses soldats en Syrie et dans le Delta. Cependant Bonaparte entre dans sa ville natale le jour même où il aborde le rivage de la Corse ; et c'est en répétant cette violation des règlemens sanitaires qu'il débarque à Fréjus. Ce qui lui importe, c'est d'arriver à Paris avant qu'un ordre puisse l'arrêter en route, avant qu'aucun conseil de guerre puisse lui adresser cette question accablante : « *Pourquoi avez-vous » déserté votre poste et délaissé les soldats » confiés à votre foi ?* » Auprès de ce péril, qui ne menace que lui, qu'est le danger de livrer une seconde fois la Provence aux horreurs de la peste? Cette seule réflexion devait rendre Bonaparte non moins suspect à la France que redoutable au pouvoir : personne ne la fit. La république redemandait des victoires à tous ses généraux, et le bulletin d'Aboukir avait devancé l'arrivée de l'heureux coupable. L'imprudent Directoire ne voulut voir en lui qu'un victorieux de plus.

La calomnie et la trahison, les défections et la violence sont le recours ordinaire des ourdisseurs de complots. Les conjurés du 18 brumaire, comme pour donner à leur conspiration un certificat d'origine, appellent à leur aide d'ignobles auxiliaires, le mensonge impudent, la basse hypocrisie. C'est au cri de *vive la liberté, vive la république!* qu'ils enchaînent la liberté, que la république est renversée; c'est au bruit du tambour, s'avançant au pas de charge et la baïonnette au bout du fusil, contre des hommes assis et sans armes, que les victorieux au champ de bataille de Saint-Cloud parlent de poignards et d'assassins!

Dans les journées du 18 et du 19 brumaire, le Bonaparte guerrier, le Bonaparte homme de pensée et de résolution, n'apparaît qu'à de rares intervalles, et seulement lorsqu'il faut se mettre à la tête de ses complices, distribuer des commandemens, haranguer les troupes. Dans tout le reste, ses discours, ses actions sont les actions et les discours d'un homme dont le jugement s'égare, dont le courage défaille à l'idée du crime dont il va souiller sa gloire.

« *C'est pour partager vos périls*, avait-il dit » au Directoire, *que j'ai quitté mon armée.* » Et mettant la main sur le pommeau de son épée : *Je jure qu'elle ne sera jamais tirée que pour la défense de la République et de son gouvernement.* Premier serment, premier parjure. Bientôt il fera connaître que le seul gouvernement qu'il veuille défendre est celui à la tête duquel il sera placé. Si pour être membre du Directoire exécutif, la majorité politique eût été fixée à trente ans au lieu de l'être à quarante, par la constitution de l'an 3 [1], Bonaparte ne l'aurait point remplacée par la constitution de l'an 8. Il serait parvenu à l'empire en passant par le directoire et la présidence, au lieu de passer par le consulat temporaire et le consulat à vie ; s'il eût pu faire déporter Sieyès et se mettre à sa place, il ne se serait point associé à ce prêtre pour conspirer le renversement de la République ; il eût honteusement chassé Fouché au lieu d'accepter ses honteux services.

Assurément le bon M. Gohier sent trop son homme de Plutarque, lorsque, se remémorant

---

[1] Il fit à ce sujet de souvertures, qui ne réussirent pas, auprès du président Gohier et du général Moulins.

l'invitation que s'était faite Bonaparte de dîner chez lui avec toute sa famille *le 18 brumaire*, il s'écrie : « Je savais bien que Bonaparte était un » ambitieux, j'en avais les preuves; mais pou- » vais-je le croire d'une si noire perfidie! » La naïveté de cette exclamation a débridé plus d'un sourire sur les lèvres moqueuses des pouris de la politique; et, il faut bien l'avouer, cette perfidie est plus ignoble que noire; mais comment reconnaître dans l'homme, qui ne rougit pas de recourir à cette mesquine fourberie, le héros qui portait avec gloire l'épée de commandement à Millesimo, Mondovi, Lodi, Castiglione, Roveredo, Arcole, Rivoli, la Favorite; à Aboukir et aux Pyramides? M. Savary, tout disposé qu'il puisse être à trouver grand ce qui est petit, verrait-il par hasard dans ce stratagème quelque chose d'élevé? N'y trouve-t-il rien d'indigne du nom et de la gloire de son auguste maître, l'empereur et roi?

Il nous promet des *détails ignorés*, que ses relations, c'est-à-dire son ministère, l'ont mis à même de recueillir. La mignardise du général républicain, qui, le 18 brumaire, dit à Bonaparte, en lui offrant ses services : *Est-ce que vous ne comptez plus sur votre petit Augereau?* et une note sur le général Sébastiani, sont, dans le livre de M. le duc de Rovigo, les seuls détails qui ne se trouvent point dans les autres écrits publiés sur les journées des 18 et 19 brumaire. Cette note, assez curieuse, nous apprend que le général Sébastiani, alors colonel du 9ᵉ. régiment de dragons, distribua à ses soldats *dix mille cartouches à balle*, qui étaient déposées chez lui, *et qui ne pouvaient être délivrées que sur un ordre du commandant de Paris.* C'est ce que M. le duc de Rovigo appelle *brûler ses vaisseaux.* En effet, se servir d'un dépôt de dix mille cartouches pour mettre ses dragons en mesure de tirer dix mille coups de fusil sur leurs concitoyens, fidèles au serment qu'ils avaient prêté à la constitution de l'an 3 et au gouvernement établi, si ces citoyens s'étaient mis en devoir de le défendre, c'était se placer entre la mort et la victoire; mais nous doutons que cette révélation d'un ami soit plus flatteuse pour M. le général Sébastiani que le silence gardé par tous les autres écrivains sur un *détail* aussi grave.

Mieux vaudrait un sage ennemi.

« L'exemple de ce régiment servit à décider les » autres, » dit M. le duc de Rovigo. Et plus loin: « Non content de se prêter aux vœux du général » Bonaparte, le colonel Sébastiani se chargea de » lui amener une *foule d'officiers* que le Direc- » toire laissait dans le dénûment. » Toutes les grandes époques de la révolution ont vu de ces dénûmens; le 13 vendémiaire, le 18 fructidor, le

18 brumaire; on en voyait beaucoup à la chute de l'empire, et les prisons en cachaient bon nombre alors.

On lit dans l'Histoire de Napoléon, par M. de Norvins : « Le colonel Sébastiani reçut le 18, à six heures du matin, l'ordre de se rendre au ministère, comme il montait à cheval avec ses dragons. Sébastiani mit l'ordre dans sa poche et arriva avec ses quatre cents chevaux à l'hôtel de Bonaparte. En chemin il rencontra, dans la longue et étroite avenue qui conduit à la maison de Bonaparte, le général Lefebvre en voiture; *ce général était commandant de Paris*; il demanda avec sévérité au colonel, en vertu de quelle autorité il était à la tête de son régiment. « Le général Bonaparte vous le dira, » répondit Sébastiani. Lefebvre ordonna à son cocher de sortir et de le ramener chez lui; *alors Sébastiani fit connaître sa consigne, et engagea* Lefebvre à entrer chez Bonaparte pour s'entendre avec lui. Lefebvre, voyant *l'impossibilité* de faire tourner sa voiture dans l'avenue et *de se soustraire à la consigne donnée*, se détermina à suivre le *conseil* de Sébastiani ». Cette manière de recruter *une foule d'officiers* ne plut pas à tous; Bernadotte s'en expliqua si nettement, *avec son accent gascon*, qu'il fallut le laisser sortir; le colonel et ses quatre cents dragons ne lui barrèrent point l'avenue, toute étroite qu'elle est.

Malet, Guidal et Lahorie conspirèrent en 1812 contre le gouvernement établi, contre le gouvernement dont l'extravagante ambition avait causé l'irréparable désastre de Moskow. Malet et ses complices furent mis à mort, et M. le duc de Rovigo trouve sans doute qu'ils furent punis justement, ne fût-ce que pour leur irrévérence envers le ministre de la police générale, qu'ils envoyèrent en prison, lui dont le métier était de faire emprisonner les autres, et qui jusque-là s'était, avec tant de zèle, acquitté de ce devoir. Cependant, quelle différence en faveur des conspirateurs de 1812 et contre les conspirateurs de 1799! Malet, Guidal et Lahorie, enfermés et sous les verrous, n'étaient tenus à aucune obéissance, leur honneur n'était engagé par aucune parole, leur foi n'était liée par aucun serment; tandis que tout enchaînait la foi des conspirateurs de 1799: la loi de l'armée et la loi du pays; le devoir civil et le devoir militaire. Par eux tous les freins furent rompus à la fois et tous les principes foulés aux pieds.

Si le 9 novembre 1799, le Directoire exécutif n'eût pas été aussi endormi que l'était M. le duc de Rovigo le 23 octobre 1812; ou si le Laborde républicain eût eu la même résolution que le Laborde impérialiste, voici tantôt trente ans que les conspirateurs de la rue Chantereine reposeraient où reposent les conspirateurs de la rue de Charonne. Au mois de novembre 1799, M. Fouché eût répété le *væ victis !* qui s'échappa de la bouche de M. Savary, lorsqu'au mois de novembre 1812, on vint lui dire que Malet et les siens avaient vécu.

La morale des ministres de la police impériale et royale est répudiée par l'histoire : c'est d'après d'autres principes, c'est par d'autres hommes que seront révisés les jugemens et les conspirateurs de 1812 et de 1799.

M. de Norvins dit [1], et M. le duc de Rovigo répète, que les généraux et les officiers, qui depuis quelques jours s'étaient déclarés les partisans de l'adversaire du Directoire, se présentèrent en foule pour seconder son entreprise. S'il faut en croire le *Moniteur*, intéressé à n'omettre aucun nom, la foule ne fut pas très-grande. Le 25 brumaire, deux listes furent publiées, l'une des officiers de la 17ᵉ. division (Paris), qui avaient pris part aux journées des 18 et 19 brumaire, l'autre des officiers qui s'étaient présentés et avaient offert leurs services. Le lendemain 26, le *Moniteur* donna une liste nouvelle des *officiers généraux et particuliers qui avaient participé aux* célèbres journées *des 18, 19 et 20 brumaire, à Saint-Cloud.* En tête de cette liste était un amiral, et puis venaient dix généraux

---

[1] Histoire de Napoléon, tome II, page 20.

de division, sept généraux de brigade, douze adjudans-généraux, huit chefs de corps ou aides-de-camp, quatre officiers supérieurs du Directoire, dix chefs d'escadron, quatre chefs de bataillon, sept aides-de-camp, sept adjoints aux adjudans-généraux ou à l'état-major, et un commissaire des guerres.

Ces rectifications appelaient la foule ; elle n'accourait point encore : la gloire d'avoir participé aux *célèbres journées* n'était pas revendiquée par toutes les ambitions ; peut-être même Moreau, un peu honteux de sa mission de geôlier du Luxembourg, exigea-t-il que son nom ne figurât point parmi les vainqueurs de l'Orangerie ; Macdonald, qui fit fermer le club de Versailles ; Serrurier, qui commandait pour Bonaparte aux Invalides et au Point-du-Jour ; et Morand, qui avait le commandement de Paris, furent également omis sur la liste des héros qui, dans ces journées périlleuses, furent reconnus, par décret, avoir bien mérité de la patrie.

Ce qui caractérise plus particulièrement les journées de brumaire, c'est l'accumulation des mensonges et des faux sermens ; les premiers, les plus hardis, sortirent de la bouche d'un membre du conseil des Anciens, du citoyen Cornet : « Représentans, dit-il à ses collègues, les symp-
» tômes les plus alarmans se manifestent depuis
» plusieurs jours ; les rapports les plus sinis-

» tres nous sont faits; les conjurés se rendent
» en foule à Paris; ceux qui s'y trouvent n'at-
» tendent qu'un signal pour lever leurs poignards
» sur les représentans du peuple, sur les mem-
» bres des premières autorités de *la Républi-*
» *que*; si le conseil des Anciens ne met pas la
» patrie et la liberté à l'abri des plus grands
» dangers qui les menacent encore, l'*embra-*
» *sement* devient général; la *patrie sera con-*
» *sumée* : prévenez ce fatal incendie, ou la Ré-
» publique aura existé, et son *squelette* sera
» entre les *mains des vautours*, qui s'en dispu-
» teront les *membres décharnés*..... »

A cette harangue de clubiste, à ce pathos révolutionnaire, succèdent les proclamations et les mensonges de Bonaparte. Il dit : Aux pa-
triotes. « J'ai besoin de votre union et de votre
» confiance; ralliez-vous autour de moi, c'est le
» seul moyen d'asseoir la *République* sur les bases
» de la *liberté civile*, du bonheur intérieur, de la
» victoire et de la *paix*. Vive la République! —
Aux soldats. « La *liberté*, la victoire et la *paix*
» replaceront la *République française* au rang
» qu'elle occupait en Europe. Vive la Répu-
» blique! »

Dans un dialogue qu'il fit insérer au *Moniteur* du 19 brumaire, parlant et répondant par l'organe d'un membre du Conseil de Cinq-Cents et par celui d'un membre du conseil des Anciens,

il fait dire au premier : « Je crains l'intervention
» de Bonaparte dans cette affaire. Sa renommée,
» la considération dont il jouit, la juste con-
» fiance du soldat dans ses talens, et surtout
» ses talens eux-mêmes, peuvent lui donner le
» plus redoutable ascendant sur les destinées de
» la République. Le sort de la liberté dépendra
» de lui.... S'il était un César! un Cromwell!... »
L'autre répond : « Un *César!* un *Cromwell!*....
» Mauvais rôles, rôles usés, indignes d'un homme
» de sens, quand ils ne le seraient pas d'un
» *homme de bien*. C'est ainsi que Bonaparte
» lui-même s'en est expliqué dans plusieurs occa-
» sions. *Ce serait une pensée sacrilége*, disait-il
» une autre fois, *que celle d'attenter au gouver-*
» *nement représentatif dans le siècle des lumières*
» *et de la liberté.* — *Il n'y aurait qu'un fou*,
» disait-il encore, *qui voulût, de gaieté de*
» *cœur, faire perdre la gageure de la Répu-*
» *blique contre la royauté de l'Europe, après*
» *l'avoir soutenue avec quelque gloire et tant*
» *de périls.* »

Au conseil des Anciens, il commença à chan-
ger de langage : *La constitution*, dit-il, *ne*
peut entretenir l'harmonie, parce qu'il n'y a
pas de diapason. Cependant il déclare que lui
et ses compagnons d'armes, les généraux Berthier,
Lefebvre, Moreau et Macdonald, qui l'accom-
pagnent ; les grenadiers dont il voit les bonnets

et qu'il atteste, et les soldats dont il aperçoit les baïonnettes, qu'il a souvent fait tourner à *la honte des rois*, veulent une république fondée sur la vraie liberté, sur la liberté civile et sur la représentation nationale.

Le lendemain, à Saint-Cloud, il dit au même Conseil : « Hier *j'étais tranquille à Paris* [1], lorsque vous m'avez appelé pour me notifier le décret de translation, et me charger de l'exécuter. Aussitôt j'ai rassemblé mes camarades, et j'ai volé *à votre secours*. Eh bien ! aujourd'hui on m'abreuve déjà de calomnies. On parle de *César*, de *Cromwell*; on parle de gouvernement militaire. Le gouvernement militaire ! Si je l'avais voulu, serais-je venu prêter *mon appui* à la représentation nationale ? — La République n'a plus de gouvernement : *quatre* directeurs [2] ont donné leur démission ; *j'ai cru devoir mettre en surveillance le cinquième*, en vertu du pouvoir dont vous m'avez investi.

» *La souveraineté du peuple, la liberté, l'égalité*, ces bases sacrées de la constitution, demeurent encore, il faut les sauver. Si l'on entend

---

[1] La réunion d'un grand nombre d'officiers, l'arrivée du colonel Sébastiani et de ses dragons disent quelle était cette tranquillité.

[2] Deux seulement avaient donné leur démission ; il le savait.

par constitution ces principes sacrés, tous les droits qui appartiennent au peuple, tous ceux qui appartiennent à chaque citoyen, mes camarades et moi nous sommes prêts à verser notre sang pour les défendre. *Au reste, je déclare que, ceci fini, je ne serai plus rien dans la République, que le bras qui soutiendra ce que vous aurez établi.* »

Bonaparte ne parla point au Conseil des Cinq-Cents. La voix d'un orateur opérait sur ce cœur, couvert d'un triple acier, l'effet qu'une tradition fabuleuse attribue au chant du coq sur le courage du lion. A ces mots que lui adresse le député Bigonnet : « Que faites-vous, jeune téméraire! que » faites-vous? vous violez le sanctuaire des lois! » Aux cris : *Ici des sabres! ici des hommes armés! à bas le dictateur! à bas le tyran! hors la loi le nouveau Cromwell!* Cet homme, qui, selon ses expressions, marche accompagné du dieu de la guerre et du dieu de la fortune, se trouble, perd contenance, se jette dans les bras de ses grenadiers, sort de la salle pâle et chancelant. Tous les historiens, tous les témoins attestent la vérité de ce fait. *Montgaillard*, dit que Bonaparte s'achemina vers le pont de Saint-Cloud en répétant cinq à six fois : *Ils veulent m'assassiner, les brigands! ils ont voulu me tuer! mais je suis invulnérable, je suis le dieu de la foudre!* Et que Murat, honteux de tant de faiblesse, lui fit sentir la nécessité de marcher sur le conseil des Cinq-Cents. D'autres écrivains disent que Bonaparte, étant remonté à cheval, envoya chercher par des grenadiers son frère Lucien, président du conseil, et se mit à haranguer les troupes. Plusieurs attribuent à un mouvement spontané de Murat l'emploi de la force pour faire évacuer l'Orangerie. M. le duc de Rovigo déclare que l'honneur de cet ordre appartient à Napoléon; il lui fait dire au capitaine Ponsard, *des grenadiers du corps législatif* : « Capitaine, allez sur-le-champ disperser cette » assemblée de *factieux*; en cas de résistance » *employez la force et même vos baïonnettes* »; comme en Égypte, il disait à ses généraux : Faites *tomber des têtes*. La troupe monte l'escalier en battant la charge, au pas redoublé, entre dans la salle, *baïonnette en avant*. « En un in- » stant, dit M. le duc de Rovigo, la scène change, » le tumulte s'apaise, la tribune est déserte. » Ceux même qui, quelques minutes aupara- » vant, paraissaient les plus résolus, *cèdent à la* » *peur*. Ils escaladent les fenêtres, sautent dans » le jardin et se dispersent dans toutes les direc- » tions. » On dirait que M. Savary eût désiré plus de fermeté dans ces législateurs que dans son héros; que, cuirassés de leur toge, ils présentassent hardiment la poitrine aux baïonnettes, qu'il eût été beau de voir teintes de leur sang. A la vérité, cette pourpre a manqué au manteau du sacre; mais c'était la seule.

M. le duc de Rovigo, *qui ne s'appesantit que sur les événemens dont il peut parler avec certitude*, aurait dû s'assurer de la vérité des faits avant de reproduire les *détails* de la grande déroute du conseil des Cinq-Cents. Ce ne fut point *Ponsard*, mais le général *Leclerc* qui commanda l'expédition et remporta la victoire. Un seul député du nouveau tiers, peu familiarisé avec les baïonnettes, se réfugia dans le jardin et y laissa son manteau. Les autres, cédant à la force, se retirèrent devant elle; quelques-uns, pressés par la foule, sortirent par la porte opposée à celle par laquelle les grenadiers étaient entrés, et se trouvèrent ainsi dans le jardin; mais tous rentrèrent un moment après au château, et allèrent paisiblement déposer dans le vestiaire leurs toques, leurs manteaux et leurs ceintures [1]. Bonaparte, son frère Lucien et leurs complices, ont dit que les députés étaient armés de *stylets* et de *poignards*; armes peu françaises. C'est un singulier reproche de la part de ceux qui attaquent la *baïonnette en avant*, que celui de voir des

---

[1] Dulaure, témoin et acteur dans cette scène, en donne les détails dans les *Esquises historiques sur les principaux événemens* de la *révolution française*, vingt-sixième livraison.

armes aux mains de ceux qui devaient songer à leur défense! En effet, il serait plus facile et plus sûr de les trouver sans epées et sans boucliers. Quelques députés avaient des pistolets à leur ceinture et ne les cachaient pas. Au moment de l'attaque, *Eujubault*, craignant d'être fouillé, laissa touber les siens [1]. Ces pistolets, ramassés par les victorieux, devinrent un arsenal tout entier. Le 19 au soir, dans une proclamation encore palpitante de la frayeur du matin, Bonaparte dit :

« Je me présente au conseil des Cinq-Cents, *seul, sans armes*, la tête découverte, tel que les Anciens m'avaient reçu et applaudi.

» Les *stylets* qui menaçaient les députés sont aussitôt levés sur leur *libérateur*; *vingt assassins* se précipitent sur moi et cherchent ma poitrine. Les grenadiers du Corps-législatif, que j'avais laissés à la porte de la salle, accourent et *se mettent entre les assassins et moi*. L'un de ces braves grenadiers (Thomé) est frappé d'un coup de stylet dont ses habits sont percés : ils m'enlèvent. »

Le lendemain, 20 brumaire, le *Moniteur* enchérit sur les calomnies de la veille : voici en quels termes il rend compte des événemens :

« *Fargues* est venu annoncer que Bonaparte

---

[1] Dulaure, *Esquisses*, 26e. livraison.

avait failli être assassiné dans la salle du conseil des Cinq-Cents ; qu'*Arena* s'était porté sur lui avec un poignard [1],

» Le général, en descendant de la salle des Cinq-Cents, a fait part aux grenadiers du Corps législatif du danger qu'il avait couru.

» Lucien a dit qu'*Arena*, *Marquesi* et plusieurs autres députés, armés de *poignards* et de pistolets, s'étaient portés sur le général.

» Le général Bonaparte a *été blessé au visage* dans le conseil des Cinq-Cents, et le grenadier qui l'accompagnait a reçu le coup de poignard qui lui était destiné, et a eu la manche de son habit *emportée*. ».

Le Sinon français, Fouché, fit une adresse à ses concitoyens, pour les prévenir que le général Bonaparte, étant entré au conseil des Cinq-Cents *pour dénoncer des manœuvres contre-révolutionnaires*, avait failli périr victime d'un assassinat. Le *génie de la République* avait sauvé ce général. »

Le 22 et le 23 brumaire, le *Moniteur* reproduisit encore cette absurde et odieuse fable. « Bo-

---

[1] M. le duc de Rovigo veut bien avouer qu'il n'a jamais entendu dire à Napoléon qu'il eût remarqué le geste qu'on attribue à ce député Cependant il fut forcé de se retirer à Livourne, et Bonaparte ne répondit pas à la demande qu'il fit de rentrer en France.

naparte, dit ce journal, était furieux en sortant du conseil des Cinq-Cents; on avait voulu l'assassiner. *Thomas Thomé*, grenadier du Corps-législatif, qui a eu la manche de son habit *déchirée* en garantissant Bonaparte du coup de *stylet* qui lui était destiné, et *l'autre grenadier, qui a pris le général dans ses bras*, ont dîné le 20 et déjeûné le 21 avec lui. La citoyenne Bonaparte a embrassé *Thomas Thomé*, et lui a mis au doigt un diamant de la valeur de deux mille écus. »

Peu de personnes furent dupes de cette jonglerie de bas aloi ; mais il a fallu seize ans pour en faire justice.

Dans une adresse au peuple français, rédigée par Lucien, et approuvée par les vingt-cinq affidés qu'il appelle la *majorité du conseil des Cinq-Cents*, on lit : « Le royalisme ne relèvera » point la tête...... La République et la liberté » cesseront d'être de vains noms. » Ce sont ces vingt-cinq membres qui prononcèrent l'abolition du Directoire, l'expulsion de soixante-deux de leurs collègues, l'établissement du gouvernement consulaire, et l'ajournement des deux conseils.

Le 21 brumaire les consuls de la République, Roger-Ducos, Bonaparte et Sieyès, firent afficher dans Paris une proclamation pour annoncer aux citoyens que la *République*, raffermie, allait être replacée, dans l'Europe, au rang qu'elle n'aurait jamais dû perdre. « *Prêtez avec nous, disaient-ils, le serment que nous faisons d'être fidèles à la République une et indivisible, fondée sur la liberté, l'égalité et le système représentatif.* » C'était, dans l'espace de trois jours, le quatrième serment prêté par Bonaparte.

N'épargnera-t-on jamais aux peuples le spectacle de cette abjecte et dégoûtante immoralité? Toi qui disposes de la force, use, abuse de cette puissance aveugle que te jette la faveur du sort, ou que t'abandonne la lâcheté des hommes; mais pourquoi ajouter à tout ce que la violence a d'odieux, tout ce qu'il y a d'infamie dans le parjure?

Les actes furent dignes des paroles [1]. Ce *Dieu de la foudre*, Bonaparte, était un dieu colère, envieux et jaloux de toutes les gloires; il avait commencé par ternir celle de Moreau, en substituant à la dragonne de son épée les clefs de l'appartement de Gohier et de Moulins au Luxembourg; il s'efforça de flétrir celle du vainqueur de Fleurus : le nom du probe et loyal Jourdan se trouve dans le même arrêté de bannissement où se trouve inscrit celui de Mamin, accusé d'a-

---

[1] On fit courir le bruit que le général Santerre agitait les faubourgs. Bonaparte ne dit point : *Je le ferai juger;* il dit : *Je le tuerai.*

voir assassiné la princesse de Lamballe, et de s'être vanté de lui avoir arraché le cœur. Le 29 brumaire, Talleyrand écrit à Fouché : « J'ai vu, » avec beaucoup de peine, le nom de Jorry dans » la liste des hommes condamnés à l'exil. Jorry » est un très-jeune homme, dont les écarts méri- » tent plus d'indulgence que de rigueur; à ma » connaissance, il n'a jamais offensé que moi. Il » est au service de la République, il est à l'armée » d'Italie ; peut-être même, au moment où *la loi* » *le frappe*, elle est prévenue par les coups de » l'ennemi ; peut-être des blessures ou une mort » glorieuse honorent son nom! » Telle était, dès le début, cette justice de Bonaparte, qui plus tard atteignit Pichegru dans les cachots du Temple, et le duc d'Enghien dans les fossés de Vincennes.

Des historiens, divers de nation, d'époques, d'affections, de principes et de position sociale, ont porté sur ces journées de brumaire un jugement d'autant plus équitable qu'il est plus rigoureux. Le directeur Gohier et le député Dulaure doivent être récusés, non à cause de leur caractère, dont personne ne met en doute la sincérité, mais parce que l'un et l'autre étaient et sont honorablement restés du parti des vaincus.

« Il y a eu des hommes d'une telle élévation d'âme, dit Walter-Scott[1], qu'en servant leur pays

[1] Vie de Napoléon Bonaparte.

ils n'ont eu que l'ambition de l'avoir fait; mais de tels hommes ont appartenu à des siècles moins corrompus que le nôtre : ils furent élevés dans des principes de patriotisme désintéressé qui n'appartenaient pas à la France, ou peut-être même à l'Europe dans le dix-huitième siècle. Nous tiendrons donc pour convenu que Bonaparte désirait, de manière ou d'autre, de trouver son avantage dans les services qu'il rendait à son pays. et que, dans les motifs qui le faisaient agir, le patriotisme se mêlait à l'ambition personnelle. Il ne reste plus qu'à considérer quelle était la meilleure manière d'atteindre l'un et l'autre but.

» La première alternative était le rétablissement de la république sur un modèle meilleur et moins périssable que ceux qui avaient été successivement adoptés et abandonnés par les Français dans les différentes phases de la révolution. Mais Bonaparte s'était déjà prononcé contre cette forme de gouvernement, et paraissait intimement convaincu que les malheurs et les revers qu'on avait éprouvés en essayant de faire de la France une véritable république, fournissaient une preuve irrécusable que la monarchie était la forme de gouvernement qui lui était propre et naturelle.

» Bonaparte pouvait se réunir à ceux qui désiraient le retour des Bourbons. Le nom de l'ancienne dynastie aurait procuré de véritables avantages ; les anciennes idées seraient revenues avec les anciens noms, et en même temps on pouvait faire en sorte que le pouvoir du monarque rétabli fût limité autant qu'il était nécessaire pour protéger la liberté des sujets. Les principales puissances de l'Europe, si elles en avaient été requises, auraient très-volontiers garanti au peuple français telles institutions propres à atteindre ce but. Mais l'extrême confusion que devaient nécessairement occasioner, d'une part, les réclamations des émigrés qui avaient quitté la France avec les sentimens et les préjugés que leur inspiraient leur naissance et leur rang dans la société ; d'un autre côté, les prétentions d'un grand nombre de militaires et d'hommes d'état qui s'étaient élevés à de hauts emplois pendant la révolution ; la jalousie inévitable entre ces derniers et ceux qui avaient partagé la mauvaise fortune du monarque pendant son exil ; la question des domaines nationaux, la prévention générale de l'armée contre les Bourbons : toutes ces objections contre le rappel de l'ancienne dynastie étaient d'un grand poids, et Bonaparte put les juger insurmontables.

» Mais quoique nous admettions tout ce qui peut excuser Bonaparte d'avoir choisi le premier rôle du gouvernement, et que nous accordions même à ses admirateurs qu'il était nécessaire, pour le bien de la France, qu'il occupât la place de premier consul, notre franchise ne peut aller plus loin. Nous ne pouvons sanctionner l'accumulation d'autorité qui concentra dans ses mains tous les pouvoirs de l'état, et priva, dès ce moment, le peuple français du moindre espoir de liberté, et de la possibilité de se défendre contre la tyrannie. Il serait inutile de prétendre que les Français n'avaient pas encore appris à faire un bon usage de ces inappréciables priviléges dont on les dépouilla, ou qu'ils consentirent à abandonner ce qu'il n'était pas en leur pouvoir de défendre. C'est une triste apologie du vol que de dire que la personne dépouillée ne connaissait pas la valeur de la pierre qu'on lui a dérobée, et c'est une mauvaise excuse pour le voleur que d'avouer que sa victime était désarmée, et qu'elle ne pouvait faire aucune résistance sans s'exposer à perdre la vie. Des restrictions à son pouvoir eussent été profitables au peuple et à lui-même ; si, dans le cours de son règne, il n'avait pas eu la facilité de faire la guerre quand il le trouvait bon, son esprit actif eût fait prospérer en France toutes les branches d'industrie : en ne se servant de son pouvoir que pour favoriser les intérêts de son pays, il eût fait oublier l'illégalité de son titre ; et, bien qu'il n'eût pas été l'héritier légitime du trône, il se serait ainsi montré l'un des princes les plus dignes d'y être appelés. S'il y avait eu en France des Chambres libéralement instituées, et qui eussent représenté franchement l'opinion nationale, si les droits du peuple eussent été respectés et garantis, l'occupation de l'Espagne, la guerre de Russie et le système prohibitif à l'égard de l'Angleterre n'auraient pas eu lieu. Instruite par les libres discussions de la Chambre de ses députés, la nation se fût opposée à des mesures fatales et violentes assez à temps pour les prévenir. Avec un pouvoir moins absolu, Napoléon n'eût point été renversé du trône, et il eût pu léguer à ses enfans la souveraineté de la France.

» Il reste désormais gravé dans l'histoire comme erreur, aussi-bien que comme crime de Napoléon, qu'en abusant du pouvoir que la révolution du 18 brumaire jeta dans ses mains, il détruisit entièrement la liberté de la France, ou, pour parler plus exactement, les chances qu'avait ce pays pour parvenir à un gouvernement constitutionnel.

» Napoléon pouvait être un prince patriote, il aima mieux être un despote usurpateur; il pouvait jouer le rôle de Washington, il préféra celui de Cromwell. »

« La fortune, dit Mme. de Staël, mit à la disposition de Bonaparte les lois de la terreur et la force militaire, créées par l'enthousiasme républicain. La France, ayant pour limites les barrières formées par les Alpes, les Pyrénées et le Rhin que l'Europe ne disputait plus, devenait le plus puissant empire du monde. L'exemple de la liberté constitutionnelle en France, aurait agi graduellement mais avec certitude sur le reste de l'Europe; on n'aurait plus entendu dire que la liberté ne peut convenir qu'à l'Angleterre, parce qu'elle est une île; à la Hollande, parce qu'elle est une plaine; à la Suisse, parce que c'est un pays de montagnes.

» La destinée, prodigue envers Napoléon, lui remit une nation de quarante millions d'hommes aguerris; une nation assez aimable pour influer sur l'esprit et les goûts européens. Il ne fallait que quelques vertus pour rendre sans effort la France heureuse et libre au commencement du dix-neuvième siècle : tout fut perdu pour la liberté du peuple français et le bonheur des nations. »

M. de Norvins, loyal admirateur de Bonaparte, loin de mettre le 18 brumaire au nombre des journées glorieuses de Napoléon, n'hésite point à dire que de ce jour date le premier contrat entre le pouvoir civil et l'armée pour la destruction de la République; et que toute pudeur, toute religion du serment, toute vertu publique furent foulées aux pieds par les résolutions qui rendirent solennel le parjure d'une partie de la représentation nationale.

Enfin un historien, dont, quoique bien jeune encore, l'opinion fait autorité parce qu'il y a maturité et discussion dans ses jugemens, élection et consistance dans ses principes, indépendance et franchise dans son caractère, puissance et probité dans son talent; M. Mignet a dit des journées de brumaire [1]: « Ainsi fut consommée cette dernière violation de la loi, ce dernier coup d'état contre la liberté. *La force brutale commença sa domination.* Le 18 brumaire fut le 31 mai de l'armée contre la représentation, si ce n'est qu'il ne fut pas dirigé contre un parti, mais contre la puissance populaire : il devint le tombeau de la révolution. Mais il est juste pourtant de distinguer *le 18 brumaire* de ses suites : on pouvait croire alors que l'armée n'était qu'un auxiliaire de la révolution, comme au 13 vendémiaire, comme au 18 fructidor, et que ce changement indispensable ne tournerait pas au profit d'un homme, d'un seul, qui changerait bientôt la France en un régiment, et qui ne ferait entendre dans le monde, jusque-là agité par une grande commotion morale, que les pas de son armée, et le bruit de sa volonté. »

Une dérision manquait à la gloire de l'homme qui jeta les fondemens du despotisme au nom de la République; Bonaparte ne voulut pas que cette gloire demeurât imparfaite : un mois après,

---

[1] Histoire de la révolution française, depuis 1789 jusqu'en 1814, tome II, page 351.

le 18 brumaire, le journal Officiel annonça que le citoyen Moitte était chargé d'exécuter, en marbre blanc, une statue de la Liberté, destinée à orner le palais des *dépositaires* du pouvoir exécutif de la *République Française*.

Si l'abus de la force est le plus lâche des abus, si les faux sermens et les fausses protestations sont la plus détestable des hypocrisies, de quel nom M. le duc de Rovigo veut-il qu'on nomme les journées où tout fut déception, mensonge et violence?

Dans celle du 18 brumaire, Bonaparte, élevant la voix pour être entendu de ceux à qui il n'adressait pas la parole, et substituant déjà le *moi* de l'empire au *nous* de la république, dit à Bottot, secrétaire de Barras : « Qu'avez-vous » fait de cette France que *je vous ai laissée* si » brillante? *Je vous ai laissé la paix*, j'ai retrouvé » des revers; *je vous ai laissé des millions* d'Ita- » lie, et j'ai trouvé partout des lois spoliatrices » et la misère. Qu'avez-vous fait de cent mille » Français, que je connaissais tous, mes compa- » gnons de gloire? Ils sont morts! »

Quinze ans plus tard, les vétérans de Valmy, de Jemmapes, d'Hondtschoot, de Wattignies, de Turcoin, de Fleurus, d'Aldenhoven, de la Montagne-Noire, de Loano, d'Altenkirchen, de Rastad, de Neuwied, de Morat, de Fribourg, de Civita-Castellana, de Calvi, de Finstermunster, de Bassignano, de Winterthur, de Modène, de Schwitz, d'Altorf, de Bergen, de Castricum, de Constance, d'Alkmaër, de Zurich, de Moeskirch, de Biberac, d'Hochstet, de Pozzolo et d'Hohenlinden, pouvaient à leur tour, et à plus juste titre, dire à Bonaparte : « Qu'as-tu fait de cette France que tu as prise victorieuse en Hollande, victorieuse en Suisse ; chassant devant elle les Anglais, les Autrichiens, les Russes, et, de la hauteur des Alpes, marquant les routes qui devaient nous ramener au cœur des provinces italiennes? Qu'as-tu fait de tant de milliards, produits des contributions de guerre ; de ces tableaux, de ces statues, de ces monumens des arts, nobles trophées de nos victoires? Que sont devenus ces deux millions de Français, nos compatriotes, que te livra, avec un empressement servile, ton *sénat conservateur?* Ils sont morts! non pour la patrie, mais pour un seul homme; non pour établir la liberté, mais pour renverser les républiques, mais pour conquérir des royaumes et placer sur des trônes le roi Joseph, le roi Louis, le roi Jérôme, le roi Joachim ; pour amener dans ta couche la fille des Césars de Germanie. L'Europe n'a pas une plaine que tu n'aies engraissée du sang de nos légions ; pas un champ de bataille qui ne soit jonché des ossemens français qu'y sema ton impitoyable main. »

CONSPIRATIONS CONTRE BONAPARTE.

Les esprits clairvoyans (et ils étaient en grand nombre) virent bien que Bonaparte ne laissait d'autre alternative que de subir son despotisme ou de s'armer contre lui. La violence et l'iniquité des premiers actes de son gouvernement, ses formes prévôtales et sa tendance évidente au régime du bon plaisir, enflammaient de colère les cœurs les plus froids. Le concordat, qui rendit à Rome une influence toujours fatale à la France, fit éclater les uns en discours véhémens, et poussa les autres aux résolutions extrêmes.

Quoique les hypocrites n'aient jamais été rares en France, l'hypocrisie est le vice pour lequel les Français ont le plus d'aversion et de mépris. Lorsqu'ils virent celui qui avait dit, *Tout prêtre inspire le fanatisme sans être fanatique*, se rapprocher des prêtres; lorsque celui qui ne croyait point à l'immortalité de l'âme et qui ne s'en cachait pas; qui dans ses lettres au divan du Caire avait écrit : « Les Russes ont en horreur ceux qui croient à l'unité de Dieu, parce que, *selon leurs mensonges*, ils croient qu'il y en a trois; ce que n'ont pu faire ceux qui croient à trois, nous l'avons fait nous, qui croyons qu'un seul gouverne l'Univers; » qui, dans sa proclamation aux musulmans d'Alexandrie, s'était vanté d'avoir détruit les chevaliers de Malte leurs ennemis, et le pape qui voulait qu'on leur fît la guerre; lorsque cet ennemi du pape entra processionnellement dans Notre-Dame de Paris sous la bannière papale, des sourires moqueurs, d'amères ironies accueillirent de toutes parts ses signes de croix et ses dévotes génuflexions.

Des propos de table tenus à Saint-Maur, chez le général que M. le duc de Rovigo *ne nomme pas*, donnèrent lieu aux ordres décernés contre le général Delmas, et à l'arrestation du colonel Fournier. On sait que ce colonel, après avoir enfermé chez lui les agens chargés de l'arrêter, alla demander un asile à Mme. H...., où la police ne tarda pas à le découvrir. Delmas et Fournier, étrangers à toute espèce de complots, avaient parlé et n'avaient point conspiré[1]. Ce

---

[1] « Ce petit B..., qui prétend nous écraser de son poids, n'est pas encore assez lourd pour qu'en le prenant par la botte je ne puisse le faire passer de la selle sous le ventre de son cheval. » — « A vingt pas, d'un coup de pistolet,

fut un colonel de gendarmerie que, dans le temps, la rumeur publique accusa d'avoir rapporté ces propos, peut-être parce qu'il ne tarda guères à être fait général. M. le duc de Rovigo met cette méchante action sur le compte de celui qu'il ne *nomme pas*, et il paraît que ce n'est point tout-à-fait sans raison, puis qu'au premier bruit d'une accusation si grave ce général s'est retiré dans ses terres. J'allai le voir quelques jours après la descente de la gendarmerie à sa maison de campagne; sa colère n'était pas encore apaisée: *On a profité*, me dit-il, *d'un moment où j'étais à Paris pour accomplir, sans péril, cette honteuse expédition. Si j'eusse été à Saint-Maur, les gendarmes n'auraient pénétré chez moi que de vive force; j'aurais épuisé, en faisant feu sur les assaillans, tout ce que ma maison renferme de balles, de plomb et de poudre.* Le ton du général, son caractère connu, la gravité de l'injure ne me laissèrent aucun doute sur la sincérité de ses paroles; aujourd'hui même, et malgré son silence, je crois encore à cette sincérité. Quand M. le duc de Rovigo dit que tant de tapage *pour une visite de gendarmerie* parut suspect, et qu'il ne pouvait concevoir qu'un pareil désagrément, *auquel, après*

---

je puis l'en faire descendre. » Tels furent les propos attribués au général et au colonel *tout, chacun est exposé*, excitât véritablement l'inépuisable colère dont le général était animé, il parle en homme vieilli dans les habitudes de l'empire; mais alors on n'en était guère qu'aux débuts, et le gouvernement militaire irritait les militaires eux-mêmes.

« Parmi les sujets assez minces dont se composaient les réunions, dit M. le duc de Rovigo, se trouvait un officier supérieur que les révélations de *** (le général *qu'il ne nomme pas*) signalaient comme capable de se porter aux derniers attentats. Renvoyé, pour des motifs qui me sont inconnus, du régiment où il servait; sans emploi, sans fortune, il devint un des boutefeux du mouvement qui se préparait. La perte du premier consul devait lui rouvrir la carrière; il annonçait hautement l'intention de la consommer. Sa décision étant connue, il fut arrêté et mis au Temple. Une fois enfermé, il pesa, examina sa conduite, et, n'y trouvant que des sujets d'alarmes, il résolut de recourir à la clémence du premier consul. Il s'y détermina d'autant mieux qu'il ne doutait pas que la perte de sa liberté ne fût le résultat de la délation de quelque faux frère, qui avait fait la paix à ses dépens; ce qui était vrai.

» Il offrit de faire des révélations : le général *Davoust* fut chargé de les recueillir, et se rendit au Temple, où il reçut les confidences de ce chef d'escadron : elles étaient importantes. Le premier consul le chargea de nouveau de voir le prisonnier, de lui promettre cinq cents louis s'il voulait accepter une mission pour Londres où, en se donnant pour échappé du Temple, *il parviendrait à surprendre les projets des Anglais et des émigrés sur les départemens de l'Ouest, ainsi que les relations qu'ils y conservaient.* »

Je voyais souvent le chef d'escadron *** avant son arrestation; alors il avait, ou il affectait d'avoir, des sentimens républicains : il ne dissimulait pas la haine qu'il portait au futur empereur ; mais jamais, dans les plus grands accès de ses fréquentes colères, je n'entendis sortir de sa bouche la menace d'attenter lui-même à la vie de Bonaparte. Quant aux révélations, il pouvait sans doute en faire de fort importantes, car j'ai plus d'une raison pour croire qu'il n'ignorait ni les faits, ni la conversation que je vais rapporter. Je ne désignerai les deux interlocuteurs que par les chiffres 1 et 2.

1. — Bernadotte part-il, enfin ? Les demi-brigades sur lesquelles il compte, ont-elles reçu l'ordre de se mettre en marche ?

2. — Il ne s'agit plus d'opposer les soldats de la république aux soldats du premier consul. La fortune vient de mettre en nos mains un instrument plus sûr et plus prompt pour briser le joug que Bonaparte prétend nous imposer. Écoutez : Un homme est venu de Lyon, où il a laissé, dans

un affreux dénûment, sa nombreuse famille. Tout espoir d'obtenir un emploi, un secours, étant évanoui, il s'est jeté à la rivière ; attiré par le bruit de sa chute, guidé par le mouvement de l'eau, un passant est parvenu à le ramener au rivage. *Laissez-moi mourir ! je veux mourir !* s'écriait l'inconnu, en s'efforçant de se dégager des mains de son libérateur. — Que je sache du moins la cause de votre désespoir, répondait mon ami ; car c'est un des nôtres qui venait de faire cette bonne action. Après avoir écouté la déplorable histoire du malheureux, N..... lui a dit : « Le sacrifice de votre vie est fait ; je l'accepte, afin qu'il ne soit perdu ni pour votre famille ni pour votre pays. Le sort de votre femme, celui de vos enfans est assuré si vous nous aidez à abattre la tyrannie, si vous consentez à frapper le tyran. » Tout a été bientôt réglé entre eux. Un premier secours est parti pour Lyon ; le dépôt de la somme promise est fait. C'est à une parade que Bonaparte recevra le coup mortel. Nous nous sommes engagés envers notre Scévola à former un groupe, à opérer quelques mouvemens qui puissent faciliter son évasion. Depuis l'instant où il l'a tiré de l'eau, N.... ne l'a pas perdu de vue un seul moment, et ne s'est pas aperçu de la moindre hésitation pour l'exécution de notre grand dessein. Il ne s'agit plus que de fixer le jour : c'est mon avis que le plus prochain est toujours le plus favorable ; plusieurs de nos amis pensent qu'il convient d'attendre une de ces parades où, le nombre des troupes étant peu considérable, le consul se laisse plus volontiers aborder par les pétitionnaires : qu'en dites-vous ?

1. — Tout assassinat est un crime, même l'assassinat d'un César.

2. — Où sont vos trésors ? avec quelle armée combattrez-vous un homme qui dispose des armées et des trésors de la France ?

1. — S'il commande à tous, tous n'ont pas incliné la tête et juré obéissance. Bernadotte.....

2. — Bernadotte!!! voyez comme, depuis six semaines, il répond aux vœux, aux sollicitations les plus ardentes !

1. — Un autre général ne peut-il se mettre à la tête des demi-brigades de Bretagne?

2. — Qui? Ces demi-brigades consentiront-elles à suivre un autre chef? auront-elles en lui la même confiance ? D'ailleurs, au point où en sont les choses, pour renverser Bonaparte un seul bras est plus sûr que vingt mille. Ne perdons pas le temps en vains débats sur des questions de morale ; il ne s'agit pas de décider si les peuples ont le droit de tuer les tyrans, mais si, pour tuer Bonaparte, l'occasion est opportune.

1. — Jamais circonstance ne fut moins favorable. Quelques mois sont à peine écoulés de-

puis la signature du traité d'Amiens : par ce traité Bonaparte rouvre à la France les mers, depuis dix ans fermées à nos navigateurs. Le mal que vous et moi nous prévoyons est dans un avenir voilé aux regards du vulgaire; le bienfait de la paix est présent et fascine tous les yeux ; ils ne verraient dans les meurtriers de Bonaparte que d'exécrables parricides; la France les rejetterait avec horreur de son sein ; tout s'armerait contre eux, jusqu'à l'émigration qu'il vient d'amnistier, et qui s'obstine à reconnaître en lui les traits et l'allure d'un Monk.

2. — Ces considérations sont d'un tout autre poids que vos scrupules sur le meurtre des oppresseurs du monde. Je vais les soumettre à mes amis ; nous en délibérerons. »

Ce projet fut, sinon totalement abandonné, du moins ajourné. L'homme de Lyon reçut une forte somme et retourna dans son pays.

C'est à cette époque que le chef d'escadron *** fut arrêté. Il avait alors pour maîtresse une très-jeune et très-jolie personne de la rue de la Planche, fille d'une portière. Cette fille obtint la permission d'aller voir son amant au Temple; peut-être en reçut-elle la mission. Elle m'apporta une lettre de ***. Il me priait de faire des démarches pour lui auprès d'*Augereau*, qui avait connu son père; de *Masséna*, sous les ordres duquel il avait servi ; et du général que

M. le duc de Rovigo ne *nomme pas*. C'est à cette occasion que j'allai le voir à Saint-Maur, et que, pour me prouver jusqu'à quel point toute intervention de sa part en faveur de *** serait infructueuse, il me parla de la visite que lui avaient faite les gendarmes de M. le colonel Savary.

Masséna s'était retiré à sa maison de Ruelle ; je l'y trouvai la jambe étendue sur une chaise longue : une écorchure qui s'était envenimée ne lui permettait pas de quitter cette position. « Cependant, me dit le lion de Zurich, à l'instant même je monterais en voiture si j'avais le plus léger espoir qu'une démarche de ma part pût être utile à ***. Pendant le siége de Gênes je lui confiai la défense d'un des forts de la place ; quoique blessé dès les premiers jours du siége, sa défense n'a pas cessé un seul moment d'être vive et courageuse. Lorsque la famine me força de capituler, il sortit de la ville porté sur un brancard. Mais moi-même je suis devenu suspect au gouvernement ; si parle en faveur de ***, Bonaparte croira que je défends un complice. »

Augereau me promit d'agir chaudement. « Je serai mal accueilli, me dit-il, cela m'inquiète peu ; mais je n'espère rien de cette démarche : notre homme (Bonaparte) veut se rendre redoutable ; c'est par système qu'il frappe. »

J'instruisis successivement *** du mauvais succès de mes démarches. Je n'avançais rien.

7.

Le bruit courait que le nom de *** était inscrit sur une nouvelle liste de proscrits destinés à languir, non comme les premiers dans les déserts de Sinnamari, mais aux îles Séchelles : il n'y avait pas un moment à perdre. J'avais souvent ouï parler du général Davoust, et des fonctions peu militaires qu'il remplissait auprès du premier consul. Je savais que *** le connaissait. L'idée me vint de lui donner le conseil de s'adresser à ce général ; ma lettre se terminait par ces mots : *D'ici j'entends vos cris, je vois vos répugnances ; mais n'oubliez pas que dans les maux qui paraissent sans remède, les médecins habiles ont quelquefois recours aux poisons.* Peu de jours après je vis *** entrer chez moi ; il était dans la première émotion que cause la liberté recouvrée. Je ne lui adressai aucune question. Il ne me parla point de ma lettre. Le colonel *Fournier* aussi avait été mis en liberté, il venait d'être envoyé en surveillance dans son pays, à Sarlat. J'ai reçu, me dit ***, l'ordre d'aller rejoindre le général Richepanse à la Guadeloupe, et je dois m'embarquer en Hollande. M. le duc de Rovigo affirme que *** se rendit en Angleterre ; lui le nie. Ce que j'appris depuis, c'est qu'une dame Ni...., avec laquelle il était en relation, avait plusieurs fois reçu chez elle Georges et d'autres chefs vendéens dans leurs courses à Paris, et que *** n'alla point en Amérique.

Il partit pour Amsterdam. Les nuits d'automne étaient froides et pluvieuses. Cependant *** avait pris une place dans le cabriolet de la diligence, parce que le grand air lui était nécessaire. A la première halte un des voyageurs qui étaient dans l'intérieur de la voiture proposa à celui qui se trouvait à côté de *** un échange qui fut accepté. Le célèbre R..... et *** se trouvèrent côte à côte ; la connaissance fut bientôt faite. Pendant tout le temps que *** resta en Hollande, R..... y resta aussi: ils étaient inséparables. A son retour à Paris, R....., qui ne m'était connu que de nom, m'apporta une lettre de ***. Ses visites devinrent fréquentes. Il se plaignait vivement du gouvernement nouveau, qui, n'ayant pu l'attirer à lui, le faisait assidûment surveiller par ses espions, interceptait ses correspondances, et tentait de l'effrayer par de sourdes menaces. Moi-même je ne tardai pas à recevoir un billet du général Davoust, qui m'invitait à passer chez lui. Malgré la tournure polie de l'invitation, je ne me dissimulai point que c'était un ordre, et dès le lendemain je me rendis chez le général. L'accueil que je reçus fut presque gracieux. Davoust me reprocha, en termes assez doux, mes démarches pour un homme si peu digne de l'intérêt qu'il paraissait m'avoir inspiré. « Vous n'êtes pas physionomiste, ajouta le général; la figure de *** devait suffire pour vous tenir en garde contre lui. » Je répondis par ces vers de La Fontaine :

> Garde-toi tant que tu vivras
> De juger les gens sur la mine.

L'à-propos, le coup d'œil, dont j'appuyai ma citation, firent monter un rouge très-vif au front du général, et cette émotion modeste suspendit pendant quelques secondes notre conversation. Davoust se remit assez promptement, et, sans témoigner aucune humeur, il me parla des révélations de ***, dans des termes peu différens de ceux dont M. le duc de Rovigo en parle aujourd'hui. Ma mine n'était pas celle d'un homme bien convaincu. Un coup de sonnette fit descendre le secrétaire : « J'ai besoin, dit le général, de la liasse N°.... » Et bientôt, la plaçant sous mes yeux, il me demanda si je connaissais ces lettres: c'était celles que j'avais écrites à ***. Sur le paquet se trouvait la dernière, où je lui donnais le conseil de s'adresser à Davoust. Quoiqu'en ce moment les yeux du général fussent fixés sur moi, je ne pus retenir un sourire, en lisant ce que je disais du recours au poison. Ce sourire devait le blesser; il feignit de ne pas l'apercevoir.
— «Oui, lui dis-je, j'ai écrit cela; voilà bien mes lettres; il se pourrait cependant que le messager en cornette à qui je les remettais toutes fraî-

ches, eût eu la fantaisie de les faire calquer, afin d'enrichir d'un fac simile fidèle le portefeuille de quelqu'amateur. » — « Est-ce aussi le messager en cornette qui m'a dit, que d'extraits d'auteurs anciens et modernes, vous avez composé un ouvrage contre le premier consul et son gouvernement? A qui avez-vous confié votre manuscrit? » — « A personne. » — « Qui donc, si ce n'est ***, a pu me parler de cet ouvrage? Pourquoi vous rangez-vous du côté des ennemis de Bonaparte? La liberté que vous aimez ne peut exister sans l'ordre, et l'ordre ne peut être rétabli que par la dictature. » — « C'est ce qu'on disait à Athènes, au temps de Pisistrate; à Syracuse, au temps de Denys; à Rome, au temps de Jules-César; à Londres, au temps d'Olivier Cromwell. » — « Cromwell! César! rôles usés, indignes d'un homme de sens! Bonaparte l'a dit souvent. Eh! quel autre sentiment, que celui du bien public, peut le décider à compromettre la plus belle gloire militaire des temps modernes, en l'exposant aux chances des révolutions politiques, et, jeune encore, à renoncer aux plaisirs de son âge, aux douceurs de cette vie privée qui a tant de charmes pour lui; à se consacrer tout entier à des travaux sans fin et sans mesure? Sa famille adoptive lui est aussi chère que si la nature l'eût fait le père d'*Eugène* et d'*Hortense*.

L'heure du déjeuner, ou plutôt ce moment si court, est le seul qu'il sacrifie entièrement, et loin de tout regard étranger, aux affections domestiques. Pendant le reste du jour, et souvent bien avant dans la nuit, ses pensées, ses sentimens les plus intimes, n'appartiennent qu'à la France. Il ne se contente pas de donner à tous l'exemple des travaux assidus, il leur donne aussi celui des bonnes mœurs. Aucune femme ne ferait avec plus de grâce et d'amabilité, que madame Bonaparte, les honneurs d'un palais; mais ni vous, ni moi, ne convoiterions l'honneur de sa couche : chaque soir Bonaparte y repose.... »
— En ce moment une porte secrète s'ouvrit pour la seconde fois, et pour la seconde fois la fraîche et jolie madame Davoust vint dire au général que le déjeuner était servi. Il se leva, et, prenant un air sévère : «Vous sentez, me dit-il, que les choses dont nous venons de parler ne sont pas de celles que l'on redit, et vous êtes plus intéressé que moi à ce qu'elles ne soient pas révélées.» Je ne répondis rien; mais je compris fort bien qu'il y allait de ma liberté. Dès le lendemain ma discrétion fut mise à l'épreuve; R.... vint de très-bonne heure me faire une visite. De nouveau il se répandit en plaintes sur le gouvernement persécuteur; il avait été mandé par je ne sais qui, avait été questionné sur je ne sais quoi...; et, me voyant

froid et silencieux, il me demanda si je n'avais été ni appelé, ni questionné par personne. Pour ne pas éclater, je feignis qu'une affaire m'appelait au dehors; il sortit avec moi. J'entrais dans la rue de Grenelle, il y entra aussi. « Je vais, me dit-il, aux Invalides. » Il mentait. Arrivés au bout de la rue Hillerin-Bertin, je me séparai de lui, et il parut continuer son chemin. Je le suivais des yeux; et, comme sa démarche me le rendait suspect, mes regards étaient chargés d'indignation. Ils tombèrent sur les siens au moment, où, me jugeant assez avant dans la petite rue, il crut pouvoir revenir sur ses pas sans être aperçu. Sa surprise et sa confusion furent extrêmes, il pliait sous le faix; en passant devant moi il ne marchait plus, il rampait comme un reptile. Je ne le revis qu'au bout de plusieurs mois, et parce que le hasard le plaça près de moi au théâtre du Vaudeville, un jour de première représentation. Il me demanda un moment d'entretien, et nous sortîmes. « Qu'avez-vous à me dire? » — « Nous avons cessé de nous voir. » — « Ce n'est pas moi qui allais chez vous, c'est vous qui veniez chez moi. » — « Il est vrai, mais je n'ai plus osé m'y présenter; il m'a été trop facile de m'apercevoir que vos sentimens étaient changés à mon égard. » — « Avez-vous soupçonné la cause de ce changement?» —« Mais, oui..., l'affaire de ***, je suppose... Cependant, qu'y a-t-il dans cette affaire....? » — « Un perfide, et peut-être deux. Je n'ai parlé qu'à *** et à vous, de certain ouvrage composé d'extraits de divers auteurs. Le général Davoust sait que j'ai fait ce travail ; c'est vous ou *** qui m'avez trahi. » — « Le temps vous apprendra qu'il n'y a ici qu'un coupable, et que le coupable ce n'est pas moi. » — « Je désire pouvoir quelque jour vous faire une honorable réparation. » Nous nous séparâmes. Vingt-cinq ans se sont écoulés sans éclaicir mes doutes, sans dissiper mes soupçons. Je n'ai revu qu'une seule fois le général Davoust ; c'était en 1815, au quartier-général de La Villette. Les circonstances étaient trop graves pour s'occuper d'un fait de si peu d'importance alors ; la pensée ne m'en vint pas même, quoique cette affaire ait pendant long-temps pesé sur ma poitrine comme un affreux cauchemar.

Ainsi le mancenilier de brumaire portait ses fruits empoisonnés ; les leçons de Bonaparte étaient mises en pratique.

Corneille fait dire à Auguste :

> Rends un sang infidèle à l'infidélité,
> Et souffre des ingrats après l'avoir été.

Bonaparte pouvait se dire aussi : Tu conspiras pour enchaîner la liberté et renverser la république ; les républicains doivent conspirer pour affranchir la liberté et renverser le despotisme; et puisque ton esprit ne conçoit rien de plus grand que l'établissement d'une monarchie nouvelle, les hommes de la monarchie ancienne ont le droit de te dire, comme Pulchérie à Phocas :

Tyran, descends du trône et fais place à ton maître !

D'un et d'autre côté tu n'as que des ennemis légitimes; les armes dont ils te menacent, c'est toi qui les a mises entre leurs mains; forcés d'opter entre le poignard et le poison, de ces armes du désespoir ils ont rejeté, comme la plus odieuse, celle dont tes propres soldats furent frappés en Syrie.

TABLE DES MATIÈRES.

	Pages.
La préface de M. le duc de Rovigo.	1
Expédition d'Égypte.	13
Combat naval d'Aboukir.	16
Campagne de Syrie.	22
Massacre des prisonniers de Jaffa.	23
Empoisonnement des pestiférés.	26
Administration civile et militaire de l'Égypte sous Bonaparte.	33
Finances. — Besoins de l'armée.	39
Départ de Bonaparte; motifs.	44
Dispositions des troupes, esprit de l'armée.	47
Journées des 18 et 19 brumaire.	59
Conspiration contre Bonaparte.	91

www.ingramcontent.com/pod-product-compliance
Lightning Source LLC
Chambersburg PA
CBHW070534100426
42743CB00010B/2077